KiWi 404

Über das Buch:
Was ist das Geheimnis literarischen Erfolgs? Wie dauerhaft ist er, und wer entscheidet darüber? Und wie und warum wird aus einer zu Lebzeiten als große Autorin gefeierten Schriftstellerin eine Ahnherrin des Trivialromans? In Herrad Schenks klugem, geschickt angelegtem und gut recherchiertem Roman über die Lebensgeschichte und den Erfolg der Eugenie Marlitt werden all diese Fragen subtil verhandelt. Die Marlitt, Starautorin der berühmten »Gartenlaube«, repräsentiert den Typus der Erfolgsschriftstellerin, mit dem die seriöse Literaturkritik und die Herren der Literaturgeschichte nach wie vor ihre Schwierigkeiten haben. Eugenie Marlitt, eine Frau, die im 19. Jahrhundert lebte und starb und über 100 Jahre lang ein Lesepublikum hatte, von dem heutige Autoren nur träumen können, die durch Spannung verführte, zu Tränen rührte, reich und berühmt war, das ist eine Autorin, an deren Leben und Werk das Schicksal, der Erfolg und das Nachleben literarischen Phantasierens sich beispielhaft deutlich machen lassen.

In ihrem lebendigen und kenntnisreich geschriebenen Lebensroman der Marlitt geht Herrad Schenk dem Geheimnis von Eugenie Marlitts Erfolg bei Generationen von Frauen nach. Herrad Schenk hat mit Sorgfalt recherchiert und mit Spürsinn beim Lesen ihrer Bücher Erlebtes und Erträumtes sortiert, ehe sie respektlos und liebevoll ihre Phantasie walten ließ und den Lebensroman der Marlitt schrieb. Es ist sicherlich nicht ohne Reiz, diesen Lebensroman auf vergleichbare Autorinnen der Gegenwartsliteratur zu übertragen.

Die Autorin:
Herrad Schenk, geboren 1948, studierte Sozialwissenschaften in Köln und York (England). Von 1972 bis 1980 wissenschaftliche Assistentin am Institut für Sozialpsychologie der Universität Köln. Lebt bei Freiburg als freie Autorin. Veröffentlichte Romane und Sachbücher.
Preis der Bonner LiteraturLese 1993.

Weitere Titel bei k&w:
»Die Befreiung des weiblichen Begehrens«, 1991.
»Am Ende«, Roman 1994.
»Wieviel Mutter braucht das Kind«, 1996.

Herrad Schenk

Die Rache
der alten Mamsell

Eugenie Marlitts Lebensroman

Kiepenheuer & Witsch

1. Auflage 1996

© 1996 by Verlag Kiepenheuer & Witsch, Köln
Zuerst erschienen 1986 im Claassen Verlag, Düsseldorf
Umschlaggestaltung Manfred Schulz, Köln
Umschlagmotiv Bildarchiv Preußischer Kulturbesitz, Berlin
Satz Jung Satzcentrum GmbH, Lahnau
Druck und Bindearbeiten Clausen & Bosse, Leck
ISBN 3-462-02504-X

Prolog:
Die Expertenrunde

In einem hohen alten Raum sitzt im dämmrigen Licht eine Gestalt beim Fenster. Von ihrem Gesicht ist nur wenig zu erkennen, ihre Züge verschwimmen im Halblicht, und nur ihre Silhouette hebt sich vor dem helleren Fenstervorhang ab, so wie hier und da auch die Konturen schwerer, umständlicher Möbel hervortreten: eine Anrichte, ein Eckschrank, ein Tisch, ein paar ausladende Sessel und strenge hochlehnige Stühle. Die Person sitzt anscheinend in einem Schaukelstuhl, denn sie bewegt sich ganz leicht vor und zurück. Nein, es ist ein Rollstuhl mit riesigem Untergestell, auf dem halb ausgestreckt, halb angewinkelt, die Beine der Person ruhen. Sie ist bis zur Taille in eine Wolldecke gehüllt und hat die Arme rechts und links auf den Lehnen abgelegt. Sie blickt aus dem Fenster auf die Straße.

Und dann fängt das Halbdunkel an zu atmen, sich zu beleben. Die Dielen knacken, die Schränke räuspern sich, das Perpendikel der Standuhr tickt hart, im Kachelofen schimmert ein schwacher Feuerschein auf, Holz knistert, man hört Geräusche von der Straße her und Stimmen im Treppenhaus, die Gardine bewegt sich im Luftzug. Ruckartig ergreift die Person die Seitenhebel ihres Fahrstuhls und steuert ihn geschwind auf die Salontür zu. Die Tür öffnet sich, helles Licht fällt von den Lüstern herab. Die invalide Dame im Rollstuhl ist plötzlich verschwunden. Statt dessen sitzen in den Biedermeierstühlen um den Tisch, sehr aufrecht und ernsthaft, die Herren Biographen.

»Uns kommt die wichtige, wenngleich kaum leicht zu lösende Aufgabe zu, der Welt ein angemessenes – und das heißt ja wohl: ein möglichst wahrheitsgetreues – Bild von ihrem Leben und Werk zu vermitteln«, erläutert der den Vorsitz führende Herr von der GESELLSCHAFT FÜR TRIVIALITÄT UND TRANSZENDENZ. »Wie Sie wissen, verfügen wir über einiges gemeinsame Material, gehen dabei aber doch von recht unterschiedlichen Ansätzen aus.«

»Ich denke, das literarische Urteil steht inzwischen fest«, äußert der Herr von der Literaturwissenschaft und klopft zur Bestätigung auf die vor ihm liegende, erst kürzlich von ihm herausgegebene annotierte kritische Gesamtbibliographie zur Trivialliteratur.

»Protestiere! Wir möchten hier ganz entschieden Einspruch erheben gegen den arroganten Überlegenheitsanspruch, den Sie immer wieder mit der Sichtweise Ihres Jahrhunderts verbinden«, erklärt der Herr von der »Gartenlaube« mit einiger Schärfe. »Immerhin kann ich Ihnen, das versichere ich, eine ganze Reihe von anderslautenden Gutachten namhafter und sachkundiger Zeitgenossen vorlegen.«

»Ich bestehe darauf, daß wir zugleich werkimmanent *und* lebensgeschichtlich vorgehen. Nur so können wir die eigentliche Problematik tiefenpsychologisch erschließen«, gibt der Herr von der Psychoanalyse zu bedenken. »Das heißt vor allem, daß privates Brief- und Tagebuchmaterial, so vorhanden, intensiv genutzt werden muß. Wie wollen Sie ohne Einfühlung in das subjektive Erleben zu einem Verständnis ihrer mysteriösen Erkrankungen gelangen?«

»Meine Herren, Ihre fachliche Kompetenz in Ehren, aber hier ist Interdisziplinarität angesagt. Die GESELLSCHAFT FÜR TRIVIALITÄT UND TRANSZENDENZ, die zu repräsentieren ich das Vergnügen habe, hat Sie zu dieser Expertenrunde eingeladen, um im Interesse eines breiteren Publikums zu einem möglichst ganzheitlichen Bild zu kommen. Uns interessiert, im weitesten Sinne, die Frage nach dem Lebenserfolg, nach der Lesart ihrer Biographie: Ist sie in Moll oder Dur gehalten, wenn ich es einmal so umschreiben darf. War sie erfolgreich oder ist sie gescheitert? Ist sie glücklich oder unglücklich zu nennen? Wir fragen dies auch und besonders im Interesse unserer breiten weiblichen Mitgliedschaft, deren Lebensglück sie wiederum mit ihren Entwürfen entscheidend beeinflußt hat und womöglich noch beeinflußt.«

»Nun gut«, stimmen die Herren zu, »sichten wir also zunächst das biographische Material.«

Das Leben im Lexikon
(aus dem Brockhaus, 1894):

»E. Marlitt, Romanschriftstellerin, eigentlich Eugenie Friederike Christiane Henriette John, wurde am 5. Dezember 1825 zu Arnstadt in Thüringen als Tochter eines Malers geboren und im 16. Jahre von der regierenden Fürstin von Schwarzburg-Sondershausen als Pflegetochter angenommen. Sie ging auf Kosten der Fürstin zu ihrer musikalischen Ausbildung nach Wien, wo sie drei Jahre lebte, betrat auch die Bühne, mußte jedoch wegen eines plötzlichen Gehörleidens der theatralischen Laufbahn entsagen und kehrte als Vorleserin in die Umgebung der Fürstin zurück. Nachdem sie 1863 ihre Stellung aufgegeben hatte, ging sie nach Arnstadt, wo sie lange leidend bei ihrem Bruder lebte und am 22. Juni 1887 starb.

Ihre erste Arbeit war die Novelle *Die zwölf Apostel,* die 1865 in der *Gartenlaube* erschien. Dieser Novelle folgten die Romane *Goldelse* (1866), mit der sie ihren literarischen Ruhm begründete, *Blaubart* (1866), *Das Geheimnis der alten Mamsell* (1867), *Reichsgräfin Gisela* (1869), *Heideprinzeßchen* (1871), *Die zweite Frau* (1874), *Im Hause des Kommerzienrats* (1877), *Im Schillingshof* (1880), *Die Frau mit den Karfunkelsteinen* (1885). Den nachgelassenen Roman *Das Eulenhaus* vollendete W. Heimburg (1888).

Die Romane der Marlitt sind spannend und von lebhafter Darstellung, wenn ihnen auch jeder feinere künstlerische Reiz und tiefere poetische Wahrheit mangeln. Sämtliche Arbeiten wurden zunächst in der *Gartenlaube,* dann in Buchform veröffentlicht und hatten viele Auflagen. Eine illustrierte Gesamtausgabe ihrer *Gesammelten Romane und Novellen* erschien in zehn Bänden (Leipzig 1888–1890).«

Kränkungen

Daß die Kränkungen niemals enden.

Ich weiß ja: es ist nur der Neid. Sie gönnen mir den Erfolg nicht, müssen herunterputzen, entwerten, wonach ihnen selber das Wasser im Mund zusammenläuft.

Wie sie so vereint auf meinen literarischen Produkten herumhacken, die Kollegen Schriftsteller, die Herren Rezensenten und Literaturwissenschaftler! Aus der Distanz betrachtet, ist das ein eher komisches, amüsantes Schauspiel. »Seicht und flach«, »Figuren ohne jede Individualität«, »unerträglich moralisierend«, »Frauenzimmerliteratur«. Es gibt sogar inzwischen ein Etikett, das mit meinem Namen verbunden ist: »Marlitterei« – ein abqualifizierendes literarisches Urteil. Was sie vor allem meinen, sich aber nicht offen auszusprechen getrauen, ist: Warum muß die alte Kröte im Rollstuhl so viel Geld haben und ein so großes Publikum? Beides hätten sie nämlich auch gern.

Wahrscheinlich war es falsch, daß ich mich aus den Fehden der literarischen Welt herausgehalten habe. Ich hasse es, polemische Aufsätze oder Leserbriefe zu schreiben, und überhaupt paßt es mir besser, am Rande der Arena zu sitzen und den anderen zuzuschauen, wie sie sich ereifern und den schlechten Publikumsgeschmack schelten. Vielleicht wäre es klüger gewesen, wenn ich mich scharfzüngig in die Auseinandersetzung geworfen hätte, wie die Kollegin Courths-Mahler. Wie herrlich deren gepfefferter Brief an Hans Reimann, diesen erbärmlichen Literaten: *»Was hat Sie eigentlich so furchtbar gegen mich erbost, daß Sie immer Reklame für mich machen? ... Seit Sie mir die Ehre erweisen, mich in ver-*

schiedenen Intervallen wegen meiner harmlosen Märchen,
mit denen ich meinem Publikum einige sorglose Stunden zu
schaffen versuche, anzupöbeln, werden diese noch mehr ge-
kauft als bisher.«[1] Recht so, Hedwig! Doch natürlich können
wir beide auf die Reklame von Reimann & Co ebenso verzichten wie auf eine anpreisende Verlagswerbung – unsere Sachen gehen ohne jede äußere Unterstützung. Die Herren von
der hohen Literatur trösten sich da gern mit dem Nachruhm:
Unsere Trivialromane hätten zwar die großen Auflagen, erklären sie verächtlich – und schielen dabei sabbernd auf unsere Honorar- und Lizenzabrechnungen –, dafür aber wären
wir Eintagsfliegen, schon übermorgen vergessen. Alle Welt
weiß inzwischen, daß dies nicht der Fall ist. Zwar wehre ich
mich ganz entschieden dagegen, mit Hedwig Courths-Mahler in einen Topf geworfen zu werden – ich habe niemals in
der Absicht geschrieben, meinem Publikum mit harmlosen
Märchen sorglose Stunden zu bereiten. Ich wollte erziehen,
aufklären, in jungen Mädchen den Trieb der Nachahmung
wecken. Und während ich für meine neun Romane und vier
Novellen immerhin gut fünfundzwanzig Jahre gebraucht
habe, hat sie über zweihundertfünfzig Romänchen produziert in ihrem Leben, die freilich auch von etwas anderer
Qualität waren als meine. Doch in einem Punkt ergeht es
uns beiden gleich: Aller üblen Nachrede zum Trotz leben
Courths-Mahler und ich, wir sind nicht umzubringen – Auflage um Auflage. Und sind wir einmal ein Jahrzehnt tot-
gesagt, dann flackert doch mit Sicherheit im nächsten ein
geschäftskundiges Interesse an der Volksseele wieder auf,
namentlich an der des Weibes, und wir sind erneut auf dem
Markt – ob gebunden, in illustrierter Nostalgie-Ausgabe,
oder billig im Kaufhaus-Paperback. Meinetwegen sollen sie
uns als die Ahninnen der Herzensschmerz-Heftchen ansehen. Aber wer, zum Beispiel, kennt heute noch Hans Reimann? Niemand, nicht einmal dem Namen nach! Vielleicht

will es die Ironie des Schicksals, daß das einzige, ihm für den Nachruhm vorbehaltene Plätzchen dermaleinst eine Erwähnung als Meckerer in einer Courths-Mahler-Biographie ist.

Es ist eine sonderbare Sache mit dem Erfolg. Zweimal im Leben glaubte ich, es geschafft zu haben, und beide Male bin ich doch wieder gescheitert. Das erste Mal war es ein plötzlicher Absturz, das zweite Mal ein allmähliches Zerbröckeln, Verbröseln des Triumphes.

Ich würde lügen, wenn ich behauptete, daß ich mich ungern an die Jahre 1866 bis 1871 erinnere. Sie waren der Zenit meines Erfolgs. Insbesondere die Zeit ganz am Anfang, als die ersten Fortsetzungen der »Goldelse« in der »Gartenlaube« erschienen. Tante Ottilies aufgeregter Brief aus Leipzig an Alfred und Ida: »Ihr solltet die Menschenansammlungen vor dem Verlagshaus in der Königstraße sehen! Einfach unglaublich, wie die Menschen sich drängen, wie sie auf der Treppe sitzend, am Gitter lehnend warten, bis ein Plätzchen vor den Schaukästen zum Lesen frei wird. Man sollte meinen, es ginge um Krieg und Frieden! Und Eugenie mit der goldenen Feder wohnt bei Euch!« schloß sie schwärmerisch. Wahrscheinlich meinte auch sie, damals schon, das goldene Portemonnaie.

Auch in den darauffolgenden Jahren habe ich es gern zur Kenntnis genommen, wenn die Leute mir schrieben: »Vielen Dank für Ihre wunderbaren Romane, mit denen Sie uns so schöne Stunden bereitet haben...« Oder auch neckisch: »Es ist ein Kreuz mit der täglichen Post, wenn in der ›Gartenlaube‹ ein neuer Roman von Ihnen angeht! Man muß Stunden um Stunden darauf warten, die Geschäfte bleiben liegen, weil die Bediensteten den Postboten abfangen; das Dienstmädchen versteckt sich mit der ›Gartenlaube‹ unter der Treppe, um zuerst seinen Teil wegzulesen, während die gnädige Frau verzweifelt wartend im Wohnzimmer auf und ab läuft, bis die Reihe an sie kommt...« Welcher Schriftsteller erlebt schon solche Belohnungen für seine Arbeit? Die blasen sich doch schon auf wie die Frösche, wenn ihnen im Leben ein einziges Mal jemand im Eisenbahnabteil gegenübersitzt, der ein von ihnen geschriebenes Buch in der Hand hält.

Viele Hunderte von Briefen in meinen Postalben, Bruder Alfred wird sie sicher gezählt haben. Allmählich, im Laufe der Jahre, wurden es weniger, aber mit jedem neuen Roman schwoll die Flut aufs neue an. Gelesen habe ich sie alle, beantworten konnte ich nur die wenigsten. Und was die Einkünfte betrifft: pecunia non olet. Fürstin Mathilde soll sich, wie uns zugetragen wurde, etwas befremdet über das »Marlittsheim« geäußert haben: »Wer hätte gedacht, daß unsere kleine Jenny einmal ihr eigenes Schlößchen haben würde! Nur zu einem Prinzen hat sie es ja leider nicht gebracht.« Aber können mich die Sticheleien einer Frau treffen, die es selber nur zwölf Jahre lang in einer Konventionsehe ausgehalten und die Jahre danach, allein, gar nicht gut bestanden hat? Ich lebe immerhin mit der Familie meines Bruders, die ich auch meine Familie nennen kann. Meine Einkünfte übersteigen inzwischen die Apanage der Fürstin, und das muß ihr zu schaffen machen. Schließlich war sie es gewohnt, sich als meine Wohltäterin zu sehen. Ja, liebe Mathilde, die arme Pflegetochter hat es am Ende doch zu etwas gebracht, und zwar durch eigene Leistung, nicht durch adlige Geburt oder reiche Heirat. Die Konkurrenz machte uns beiden in den Jahren unseres Zusammenlebens immer mehr zu schaffen, und ich finde, du solltest dir einmal Rechenschaft darüber ablegen, wie du mich unter dem Mantel der mütterlichen Fürsorge und des freundschaftlichen Wohlwollens gepiesackt und so manches Mal deine Launen hast spüren lassen. Da soll ich nun Stellung nehmen zu meinem Leben. »*Ihr ward persönlich ein schweres, geistig und materiell ein glänzendes Los*«[2], steht zum Beispiel in dieser Literaturgeschichte. Wann ist jemand erfolgreich? Wenn er oder sie von mehr Menschen beneidet oder bewundert als bedauert und bemitleidet wird? Oder wenn sich alle Träume erfüllten? Doch wessen Träume werden schon in der Weise Wirklichkeit, daß sich mit den erfüllten Wünschen auch die ersehnte Befriedigung einstellt? Die einen bekommen nie das, was sie wollen, und sind doch womöglich besser dran als andere, die erfahren müssen, daß sie nicht wirklich meinten, was sie wollten und auch bekamen. Warum soll ich gescheitert sein, nur weil ich illusionäre Hoffnungen begraben und mich den Umständen angepaßt habe?

Die Menschen, die mich scheinbar bewundern und in Wirklichkeit beneiden, sind mir ebenso zuwider wie die, die meinen, auf mich herabsehen zu können. Es wird höchste Zeit für eine seriöse Biographie. Wenn ich sie schon nicht selber schreiben kann, ziehe ich entschieden das Schlichte, Nüchterne vor, möglichst nur die Fakten, so wenig Wertung wie möglich.

Die seriöse Biographie I:
Kindheit (1825–1841)

Eugenie Marlitts Vater, Ernst Johann Friedrich John, stammte aus einer alten Kaufmannsfamilie. Er war vielseitig interessiert und begabt, vor allem zog es ihn zur Malerei hin, aber sein Vater bestand darauf, daß er den Kaufmannsberuf erlernte. Im Jahre 1823 heiratete Ernst John nach langer Werbezeit Johanna Böhm, die aus einer der angesehensten Kaufmannsfamilien Arnstadts kam. Das Vermögen der Familie gehörte fast ganz Johannas Mutter, die mit der Partie ihrer Tochter außerordentlich unzufrieden war: sie hatte sie im Überfluß und für einen besseren Schwiegersohn erzogen.

Ernst und Johanna John, geborene Böhm, wohnten in einem großzügigen Bürgerhaus am Markt. Ernst führte eine Leihbibliothek. Von einem solchen Geschäft erhoffte er sich am ehesten, daß es ihm die Möglichkeit bot, seine künstlerischen und literarischen Neigungen zu einem Beruf auszubauen. Es gab dort Reisebeschreibungen, Ritter- und Abenteuergeschichten, gehobene und gängige Unterhaltungsliteratur. 1824 wurde als erstes Kind die Tochter Rosalie geboren. Eugenie folgte 1825 auf dem Fuße. Schließlich kamen die Brüder Hermann, Alfred und Max.

Ernst John las viel; er interessierte sich für Kunst und Wissenschaft und verbrachte seine freie Zeit mit Malen, Zeichnen und der Beobachtung des Sternenhimmels. Er war ein Träumer, unfähig, die praktische Seite des Lebens zu meistern, und ihm fehlte das rechte Geschick fürs Geschäft. Als Alfred geboren wurde, mußte er Bankrott anmelden. Die Familie zog in ein ärmliches kleines Gartenhaus, das dürftig eingerichtet, ständig feucht und schwer zu heizen war. Jahre materieller Not folgten. Schwiegermutter Böhm tat nur wenig, um der Familie ihrer Tochter unter die Arme zu greifen. Bankrott zu sein hieß nicht nur, die ökonomische Grundlage verloren zu haben, es bedeutete auch persönliches Versagen, selbstverschuldete soziale Ächtung. Daraufhin taten sich die Verwandten von Ernst John zusammen und ermöglichten ihm eine Ausbildung als Kunstmaler in Dresden, damit die Malerei wenigstens zu etwas nütze sei. Nach seiner Rückkehr malte er Porträts und Ladenschilder, eine nicht sehr einträgliche Tätigkeit. Johanna John muß den gesellschaftlichen Abstieg besonders hart empfunden haben; sie litt schweigend, aber sichtbar. Der Vergleich mit den Verhältnissen in der Familie, aus der sie kam, drängte sich auf. Die Atmosphäre verschämter Armut, mit Stolz kompensiert, prägte Eugenies Kindheit.

Alle Kinder der Johns waren begabt und besaßen künstlerisches Talent. Eugenie, die zweite Tochter, fiel schon früh durch ungewöhnliche Fähigkeiten auf. Sie war ein schönes und liebenswürdiges Kind, mit schneller Auffassungsgabe, meist gutgelaunt, mit dunklen Locken und blauen Augen, ein Kind, das lieber hüpfte als ging, das gern streunte und stöberte, Besorgungsgänge zur Abenteuersuche umgestaltete, mit reicher Phantasie ausgestattet, ein Kind, das gern Geschichten erfand und erzählte. Vor allem ihre musikalische Begabung galt früh als etwas Besonderes. Kantor Stade, Musiklehrer an der Arnstädter Schule, ließ sie schon als Achtjährige in kleinen Konzerten und in seinem Gesangverein mitwirken, und er pries den Eltern ihr Talent: »*Sie hat Millionen in der Kehle.*«[3]

Verwilderte Gärten

Heute morgen ist die Großmama wieder da gewesen, seit längerer Zeit zum ersten Mal. Papa war nicht zu Hause, er war gleich nach dem Frühstück mit der Staffelei losgezogen; ich hätte ihn gern begleitet, aber Mama sagte: »Heute muß das Silber geputzt werden, und Karoline hat genügend in der Küche zu tun – du bleibst.«

Die Großmama hält sich nie lange bei uns auf. Sie steht in Hut und Mantel in der Diele und sieht sich mit sonderbaren Blicken um, während sie uns die Fingerspitzen ihrer rechten Hand zum Kuß reicht. Die Finger unter den dünnen Handschuhen sind knochig und kühl, die Hände voller brauner Flecken. Großmama will nur die Mama zu einer kurzen Spazierfahrt abholen, der Wagen wartet draußen vor dem Tor. Eigentlich mag ich Großmutters Besuche nicht besonders. Sie bringt uns nur selten etwas Schönes mit, und hinterher weint Mama oft hinter verschlossener Schlafzimmertür, was Karoline »die Migräne« nennt, und Papa macht lange Spaziergänge und sieht die Mama beim Essen nicht an, wenn sie kleine spitze Bemerkungen fallen läßt. Die Mama ist sehr schön, außer wenn sie Migräne hat und an Papa und uns Kindern herumnörgelt und weint.

»Eugenie, ich fahre mit Großmama aus und bin zum Essen zurück.«

»Darf ich dann auch nach draußen?«

»Ja, aber nimm den Kleinen mit, er braucht frische Luft, und vergiß dein Strickzeug nicht. Und du legst dich am besten ein Stündchen hin, Rosalie, du siehst wieder so blaß aus. Ich werde dir später eine heiße Schokolade bringen.«

Immer dieses Strickzeug! Dabei werde ich nie über die Ferse hinauskommen. So stoße ich den Kinderwagen voran – immer muß man sich um die Kleinen kümmern, immer das Baby am Bein. Doch draußen scheint herrlich die Sonne. Verwahrloste Spätsommergärten, von Unkraut überwuchert, da weiß ich ein Loch im Zaun, zwischen den Haselnußsträuchern, wo auch der Kinderwagen durchpaßt. Schnell hinein in den Unterholzdschungel, das Schlingpflanzendickicht. Hier ist es feucht und modrig und kühl, und den blauen Himmel sieht man nur manchmal, sehr weit weg, über den rauschenden alten Bäumen, wenn man rücklings im Gras liegt und träumt. Eine Geschichte von einer Stadt, die ganz hoch oben im Baum liegt, erst muß man den kahlen nackten Stamm drei Tage lang emporklettern, mit Seilen und Steigeisen, dann kommt man plötzlich an einem Stadttor an, das sich zwischen den Blättern auftut. Was wollen Sie hier? Dies ist eine tausend Jahre verzauberte Stadt, und nur wer... Da schreit Klein-Max, den ich im Kinderwagen auf der Lichtung zurückgelassen habe.

Oder der Friedhof. Der alte Friedhof, wo ich die Wege entlangschleiche und die Inschriften zu entziffern versuche auf den alten, halb umgestürzten Steinen, unter denen die Toten verwesen. Manchmal bin ich eine trauernde Waise – haben kein Mütterchen, kein Väterchen mehr, sind so bitter allein, mein Brüderchen und ich –, kniend, mit gebeugtem Rücken, und da kommen mir schon die Tränen, ganz von selbst. Natürlich suche ich mir dazu ein besonders schönes Grab aus, eines mit marmorner Gedenktafel, an der rechts und links zwei Rosenbüsche ranken, und dahinter schwebt ein marmorner Engel mit aufgeschlagenem Gesangbuch. Es ist die Grabstätte einer Adelsfamilie, »die letzte Ruhe derer von Berg«, und Max und ich sind adlige Waisenkinder, die in Armut aufwachsen müssen, verraten und bestohlen von bösen Menschen. Zwischendurch sehe ich mich verstohlen um: Beobachtet mich auch niemand? Wird es auch niemand den Eltern weitererzählen?

»Da stand nun das kleine verlassene Wesen vor dem Fleckchen Erde, das den Gegenstand all seiner süßen, sehnsüchtigen Kinderträume deckte! Ringsum lagen geschmückte Gräber… Ein leichtes Lüftchen strich vorüber, weich und kühlend, wie die beschwichtigende Mutterhand sich um die klopfende Schläfe des fieberkranken Lieblings legt. Die Astern nickten herüber zu dem tieftraurigen Kinde, und auch durch die dürren Blütenrispen der Gräser zog es leise flüsternd.«[4]

Weiter! Rennend stoße ich den Kinderwagen voran. Aus dem hinteren Tor, den Hügel hinauf, in den Wald. Die Räder versinken im Laub, und der Geruch von Pilzen und Rinde, Moos und Farn hüllt uns ein. Licht- und Schattenflecken tanzen. Und ich stoße das Baby voran, hüh, hott, auf holprigem Weg, auf, ab, Stock und Stein, singe ihm vor von der Waldeslust. Ab und zu erschrecke ich ihn auch ein bißchen: Buuuh-aaah! Wildes Tier, böser Mann, kommen aus dem Busch gesprungen.

Böser Mann. Da fällt mir der Traum wieder ein, immer an dieser Stelle, nicht im Wald, sondern am Hang davor, auf dem schmalen überwachsenen Pfad, der leicht ansteigend zwischen zwei Grundstücken verläuft. Die Kinder nennen ihn den »Räuberweg«, und das eine der beiden Häuser, das obere, das man im Sommer nur stückweise düster zwischen den Bäumen emporragen sieht, steht schon viele Jahre leer. Dort habe ich einmal einen schwarzen Mann geträumt, der auf der Fensterbank hockte und lauernd auf mich herunterblickte, halb Mensch, halb Affe, mehr ein Gorilla, wenn man genauer hinsah, und ich war entsetzt und rannte wie gehetzt den Räuberweg entlang, doch da sprang er auch schon von der Fensterbank und in großen Sätzen mir nach, Zähne fletschend. Es war nur ein Traum, aber jedesmal, wenn ich an dieser Stelle den Räuberweg entlangkomme, muß ich unwillkürlich den Hang hinaufschauen, zu der öden Hinterseite des Hauses und dem unteren rechten Fenster hin, und dann laufe ich ein bißchen schneller.

Der Strickstrumpf wird und wird nicht fertig. Rosalie, die dumme Ziege, ist schon beim zweiten. Strickt wie eine Alte, klickklack, hockt auch immerfort in der Stube. Heulsuse, Zimperliese. Sie ist viel schlechter in der Schule als ich, sie hilft auch viel weniger im Haus, und doch machen alle immer so viel Aufhebens um sie. Rosalie und ihre schwache Gesundheit, ihre vielen Wehwehchen. Ruh dich ein bißchen aus, sagt Mutter nach der Schule als erstes zu ihr, du bist ja wieder ganz erschöpft. Rosalie, die Zarte, die Nervöse, sie spielt ihre Rolle so gut, daß sie von allen verwöhnt wird, und ich muß mich um die Kleinen kümmern und Karoline zur Hand gehen. Früher hatten wir viele Dienstboten: Friederike, Josefine, den alten Heinrich und Karoline. Jetzt haben wir nur noch Karoline. Rosalie und ich müssen unsere Betten selbst machen und manchmal Besorgungsgänge und beim Zubereiten des Essens und bei der Wäsche helfen; Karoline kocht und putzt. Aber Rosalie kriegt es fertig, für jede Arbeit zu zart zu sein, und die Jungen sind zu klein und außerdem Jungen. Rosalie ist Mamas Liebling, ganz klar. Ich bin Papas Tochter.

Spaziergänge mit Papa sind das Schönste. Ich gehe gern an seiner Hand. Ich klettere durch das verfallende Mauerwerk des Benediktinerklosters, während Papa malt. »Weißt du, daß die Glocken der Liebfrauenkirche den allerschönsten Klang von allen Kirchenglocken in Thüringen haben? Und vielleicht von allen deutschen Ländern?« Ich suche den unterirdischen Gang, der unter dem Klostergemäuer liegen muß, in dem die Zwölf Apostel versteckt sind. Und vielleicht lebt hier noch irgendwo eine uralte Nonne, die nachts mit aufgelöstem Haar durch die Ruine irrt und singt und klagt und sich tagsüber in einem winzigen Verschlag versteckt, den sie sich gebaut hat. Sie nährt sich von einem kleinen Gemüsegarten, den sie da oben, irgendwo zwischen den Mauern, angelegt hat. Sie weiß wohl als einzige, wo der reiche Klosterschatz vergraben liegt oder die Schatulle mit den Dokumenten, aus denen das ganze dunkle Geheimnis hervorgeht, zum Beispiel auch, daß die Nonne einst einen Grafensohn liebte, bevor man sie ins Kloster steckte...

»Spiel du nur weiter, Eugenie, und stöbere in Ruhe, während ich diese Skizze beende«, sagt Vater, und auf dem Rückweg erzählt er mir von der Reformation und den Bilderstürmern und der Franzosenzeit, und wenn es dämmrig wird und die Sterne am Himmel zu erkennen sind, erklärt er mir die Sternbilder. Er hat sich im Garten hinter unserem Haus ein Fernrohr gebaut.

Spaziergänge mit Papa sind das Allerschönste, obwohl ich genau merke, wie die Leute manchmal hinter unserem Rücken über ihn reden, wenn wir Hand in Hand mit dem Zeichenblock durch die Straßen gehen.

»Es wird Zeit, daß du dich wie ein Mädchen benimmst. Leg dein Tuch um, wenn du auf die Straße gehst. Zeit, daß du aufhörst, dich wie eine Landstreicherin zu gebärden. Du wirst in Zukunft mehr zu Hause bleiben, damit ich dich in den Haushalt einführen kann«, sagt Mutter. Nur zur Singstunde läßt sie mich noch fort, kein Streunen mehr durch Wald und Felder. Kantor Stade war bei den Eltern und hat gefragt, ob ich im Schulkonzert das große Solo singen darf. Da stehe ich auf der Bühne, und unten sitzen all die anderen aus meiner Klasse und die Großen und die Eltern aller Schülerinnen, und sie hören mir verzückt zu und klatschen begeistert. »Angeberin, alte Streberin!« sagte Küsters Helene neulich, die selbst eine schlechte Schülerin ist. »Du spielst dich hier auf, als wärst du was Besseres, und dabei weiß jeder, daß dein Papa Ladenschilder pinselt. Ganz ordinäre Schilder!

Und ihr wohnt ziemlich heruntergekommen, hat auch meine Mami gesagt, und bei euch stinkt es.«

»Die Eugenie und ihre Geschwister haben es doch immer so eilig, in die Schule zu kommen – und wißt ihr auch, warum?« fragt Luise Krull, Kaufmann Krulls Älteste, hämisch. »Bei denen zu Hause ist nämlich nicht geheizt, deshalb rennen sie den ganzen Schulweg, damit sie endlich ins Warme kommen«, erklärt sie den anderen, und alle lachen.

Ich denke mir Geschichten aus. Wenn ich groß bin, werde ich wahnsinnig reich und vornehm sein, weil ich einen Prinzen heirate. Mein Mann und ich werden gelegentlich nach Arnstadt in die Sommerfrische kommen. Ich werde die tollsten Kleider haben und Schmuck, und alle werden vor Neid ganz stumm und blaß, wenn ich ihnen mit meiner schneeweiß behandschuhten Hand lässig aus dem Wagenfenster winke, während die Kutsche langsam über den Marktplatz rollt. Und Küsters Helene und Kaufmann Krulls Luise knicksen tief, wenn der Bedienstete mich aus dem Wagen hebt.

Die seriöse Biographie II:
Jugend (1841–1847)

1841 wandte sich Vater John, ermutigt durch das positive Urteil über Eugenies musikalische Begabung, an die Landesfürstin von Schwarzburg-Sondershausen, die als Mäzenin für die schönen Künste galt, und bat sie, sich der Gesangsausbildung seiner Tochter wohlwollend anzunehmen. Die Fürstin schickte unverzüglich den Bassisten Krieg vom Hoftheater Sondershausen, damit er Eugenie einer kleinen Prüfung unterziehe. Auf dem einzigen in ihrem Elternhaus vorhandenen Musikinstrument, einem ältlichen Spinett, schlug Krieg einzelne Töne an, die Eugenie nachsingen mußte. Das Ergebnis war zufriedenstellend: er konnte die John-Tochter der Fürstin warm empfehlen.

Fürstin Mathilde, die seit 1835 mit dem Landesfürsten von Schwarzburg-Sondershausen verheiratet war, hatte die Absicht, die kleine Residenzstadt zu einem bedeutenden kulturellen Zentrum zu machen. Sie wandte viel Geld für Theater und Oper sowie zur Förderung des künstlerischen Nachwuchses auf und hatte selber literarische Neigungen. Jetzt ließ sie die sechzehnjährige Eugenie nach Sondershausen kommen, wo sie zu einer ordentlichen Familie in Pension gegeben wurde. »Jenny«, wie Eugenie von der Fürstin genannt wurde, erhielt auf deren Veranlassung und Kosten allgemeinbildenden und Musikunterricht, Unterweisung in Klavier und Gesang. Die Französischstunden wurden ihr gemeinsam mit den Fürstenkindern im Schloß erteilt. Sie wurde sorgfältig eingekleidet, wiederholt reich beschenkt und hatte Gelegenheit, sich jede Aufführung im Theater anzuschauen. Ihre Eltern sah sie während der drei Jahre, die sie in Sondershausen verbrachte, nicht allzu häufig, doch beschrieb sie ihnen die Wohltaten der Fürstin in ausführlichen Briefen.

Als der Zeitpunkt einer Berufswahl näherrückte, legte Mathilde ihrem Schützling nahe, Gouvernante oder Lehrerin zu werden, keine großartige, aber dafür eine sichere und solide berufliche Laufbahn. Doch Jenny wünschte sich nach wie vor, Opernsängerin zu werden, und die Fürstin ließ ihr freie Wahl. Sie schickte Eugenie 1844 zur weiteren Ausbildung nach Wien, wo sie bei berühmten Lehrern Gesangunterricht nehmen sollte. Reichlich mit Garderobe und allerlei persönlichen Gegenständen versehen, begab sich Jenny in Begleitung einer Hofdame auf die Reise.

Wieder hatte die Fürstin ihr eine Wohnung mit Familienanschluß vermittelt. Sie lebte im Hause des Wiener Hofbeamten von Huber. Zu dessen Frau – Eugenie nannte sie »Pflegemütterchen« – und zu den drei Töchtern entwickelten sich bald enge freundschaftliche Beziehungen; die jungen Mädchen duzten sich, und mit Leopoldine, die später den Polizeihofrat von Nischer heiratete, korrespondierte Eugenie ihr Leben lang.

Im Rückblick bezeichnete sie die beiden Jahre in Wien als die schönste Zeit ihres Lebens, als das »goldene Zeitalter«. Hier war sie nicht mehr die arme Malerstochter, von allen beneidet, weil von der Fürstin protegiert, sondern eine hoffnungsvolle junge Sängerin; sie war in der Blüte ihrer Jahre und blickte zuversichtlich in die Zukunft. Frau von Huber und ihre Töchter führten sie in die besten Kreise der Wiener Gesellschaft ein; sie besuchte das Theater, die Oper, Konzerte und Bälle und lernte viele bedeutende Persönlichkeiten kennen. Daneben setzte sie ihre Gesangstunden fort und übte unermüdlich; sie lernte auch Italienisch.

Der Fürstin erstattete Eugenie brieflich Bericht über ihre Fortschritte, und in den Briefen an ihre Eltern entwarf sie immer wieder das Bild ihrer bald bevorstehenden glänzenden Zukunft, die es erlauben würde, den Eltern und Geschwistern endlich ein von materiellen Sorgen freies Leben zu ermöglichen.

1847 war Eugenies Ausbildung so weit gediehen, daß die Fürstin glaubte, sie nunmehr der Öffentlichkeit vorführen zu können. Sie vermittelte ihr für ihr Debüt die Rolle der Gabriele in Kreutzers Oper »Nachtlager«, die am 8. März 1847 in Leipzig aufgeführt wurde.

Mäzenin Mathilde

Ich bin recht froh, daß Vater, und nur Vater, mich in mein neues Leben begleitet. Mutter hat in diesen Tagen wieder den erloschenen Blick, zugleich die angespannten Züge und die monotone, gepreßte Stimme, mit der sie uns zu bedeuten pflegt: Es wird mir alles zuviel, ihr seid allesamt eine kaum erträgliche Zumutung für mich. Und doch hat sie beim Abschied geschluchzt: Ich gönne es dir, mein Kind – mach uns nur ja keine Schande! Rosalie hatte es vorgezogen, sich an diesem Tag ins Bett zu begeben, das Übliche, und die Jungen brachten uns feixend zur Poststation, wurden dann aber ganz still und verdrückten sich, bevor die Kutsche abfuhr.

In Sondershausen steigen wir in dem preiswerteren der beiden Gasthöfe am Markt ab. Es ist zu spät, um noch bei Hofe vorzusprechen. Am anderen Morgen erwache ich sehr aufgeregt. Mutter hat mir mit Karolines Hilfe ihr altes Sonntagskleid umgearbeitet, das ich nun zum ersten Mal trage. Es ist wohl immer noch ein ganz schönes Kleid, zumindest ein guter Stoff, aber ich komme schwer mit dem Anziehen zurecht und fühle mich darin steif und sonderbar eingezwängt. Meine Schritte werden klein und trippelnd, als ich an Vaters Seite auf dem Weg zum Schloß die Pfützen zu umkreisen versuche.

Er kommentiert meinen neuen Sonntagsstaat mit keinem Wort – dergleichen Äußerlichkeiten bemerkt er gar nicht –, gibt mir aber Verhaltensmaßregeln mit: »Das Wichtigste ist, daß du dich gerade hältst, aufrecht, Kopf hoch, Brust raus. Du brauchst dich nicht zu schämen. Du kommst aus einer guten alten Bürgerfamilie. Du mußt auch nicht geradezu vergehen vor Ehrfurcht. Sieh es so: Du bist ein begabtes Mädchen, und die Fürstin gefällt sich darin, Begabung zu fördern; sie hat eine Menge Geld, um das sie sich nie bemühen mußte. Wenn sie sich um deine Ausbildung kümmert, dann tut sie damit nicht nur dir und deinen Eltern einen Gefallen, sondern auch sich selber. Sobald du es nämlich zu etwas gebracht hast als Sängerin, wird das auch ihr Beifall und Bewunderung eintragen, und sie kann sich mit deinen Erfolgen schmücken.«

Ich höre ihm schweigend zu, viel zu aufgeregt, um mich zu äußern. Vater ist ein anderer in Sondershausen als in Arnstadt: er hält sich straffer, schaut selbstbewußter umher, er wirkt lebenslustiger und jugendlicher, als er mich im Gasthof und bei der Stadtbesichtigung auf dies und jenes aufmerksam macht mit einem ungewohnt offenen Blick. In Arnstadt geht er stets zusammengesunken und sehr abwesend seiner Wege, immer in Gedanken, und pflegt Bekannte erst zu bemerken, wenn sie ihn begrüßen. »Traumulus« nennt Mutter ihn deswegen manchmal.

Doch ich bemerke wohl, daß auch Vaters Körperhaltung sich ändert, ein winziges bißchen devoter wird, als wir durch die Schloßanlagen auf das Portal zuschreiten. »Antworte nur, wenn du gefragt wirst«, schärft er mir noch rasch leise ein, »und dann sprich ruhig, sachlich und klar, möglichst kurz. Wenn man nicht mit dir redet, schlage die Augen nieder.« Mein Herz klopft schon in Hals und Schläfen, als ein Diener auf uns zutritt und nach dem Zweck unseres Besuches fragt. »Die Fürstin erwartet Sie und Ihr Fräulein Tochter im Roten Salon.« Von jetzt an ist es wie im Traum. Die Treppe mit den weichen Teppichen hinauf, die Galerie mit den großen Ölgemälden entlang, überall Lakaien, auch zwei Frauen begegnen uns, von denen ich nicht weiß, ob es Zofen oder Hofdamen sind und wie ich sie begrüßen muß. Aber sehr deutlich spüre ich, daß alle mein Kleid mustern.

»...*Ein Lakai eilte voraus, um uns zu melden... Mein Vater fuhr sich noch einmal mit den Fingern durch das Haar, dann schob er mich leise über die Schwelle der Tür, die der heraustretende Lakai weit zurückschlug. Da war ja der große Moment gekommen, gegen den sich das ungeschulte Kind der Heide im wohlbegründeten Instinkt erfolglos gesträubt hatte – ich debütierte über alle Maßen kläglich. Charlotte hatte mir gezeigt, wie ich mich verneigen müsse – du lieber Gott, da machte ja Spitz seine kleinen Künste besser... Meine ›quecksilbernen Sohlen‹ blieben bleischwer an dem Fleck hängen, wohin mein Vater mich geschoben. Ich sah unter tiefgesenkten Lidern hervor nur ein Stück spiegelnden Parketts zu meinen Füßen und hörte das leise Rieseln eines seidenen Gewandes und sagte mir unter aufquellenden und wieder verschluckten Tränen des Grimms gegen mich selbst, daß ich plump und einfältig dastehe wie ein grobzugehauenes Götzenbild... Da schlugen die lieblichen Laute einer sanften glockenreinen Frauenstimme an mein Ohr – die Prinzessin begrüßte meinen Vater –, und fast zugleich berührte ein zarter Finger mein Kinn und hob mein gesenktes Gesicht empor. Nun sah ich auf, und keine steinfunkelnde Krone blendete meine scheuen Augen – ich sah wundervolle, dicke braune Locken ein zartrosiges Gesicht umwogen, und ein paar glänzende Augen, so blau wie meine Lieblinge, die Heideschmetterlinge, lächelten auf mich nieder...*
‹Hoheit überzeugen sich nun selbst, wie recht ich hatte, unumschränkte Nachsicht zu erbitten›, sagte mein Vater – ein verhaltenes Lachen klang in seiner Stimme mit; ›mein schüchternes Gänseblümchen hängt ratlos den Kopf.‹ – ›Das wollen wir bald ändern‹, versetzte die Prinzessin lächelnd, ›ich verstehe mich auf den Verkehr mit solchen kleinen ängstlichen Mädchen.‹«[5]

Da steht sie vor mir, das ist sie also, Mathilde Fürstin von Schwarzburg-Sondershausen, die auch meinen Rufnamen unter ihren vielen Taufnamen führt: Prinzessin Friederike Alexandrine Marie Mathilde Katharine Charlotte Eugenie Luise, Tochter des regierenden Fürsten August zu Hohenlohe-Oehringen. Fürst Günther, unseren Landesherrn, hat sie vor sechs Jahren geheiratet. Sie hat ihm zu den drei Kindern von seiner verstorbenen ersten Frau noch zwei dazu geboren: Prinzessin Marie Pauline, jetzt vierjährig, und Prinz Hugo, zweijährig. Die Fürstin ist gerade 27 Jahre alt – so etwas weiß man bei uns, und ich habe mich natürlich ganz besonders gut unterrichtet. An diesem Tag, als ich sie zum ersten Mal sehe, erscheint sie mir älter, ehrfurchtgebietend, sehr schön, aber nicht prahlerisch gekleidet, eine richtige Frau, während ich mich verwirrter denn je fühle, nicht mehr Kind und noch nicht erwachsen. Sie gefällt mir sofort, obgleich sie fast nur mit Vater redet und nur ab und zu freundliche Seitenblicke auf mich wirft, die mich albern erröten lassen. Sie ist wunderbar, ich mag die selbstverständliche Art, mit der sie ihm begegnet, selbstbewußt, aber keineswegs herablassend. Vater berichtet von meinem bisherigen Schulbesuch, und sie erklärt ihm, wie sie sich meine weitere Ausbildung gedacht hat, nach Rücksprache mit dem Bassisten Krieg, der mich geprüft hat.

»Zunächst einiges an Allgemeinbildung, sie ist ja noch sehr jung und die hiesige Mädchenschule ganz brauchbar. Dazu Musikunterricht hier am Hof, durch Künstler, die wir auch als Pädagogen sehr schätzen, Klavierspiel beim Kammervirtuosen Fetzer, Gesang beim Kammersänger Koch, jeden Nachmittag abwechselnd das eine oder das andere, würde ich sagen, und zusätzlich etwas französische Konversation. Nach einigen Jahren werden wir dann weitersehen.« Ob Vater und ich damit einverstanden seien? Ich nicke bloß, während Vater wortreich seine Dankbarkeit bezeigt. Sie habe eine ausgezeichnete Familie ausfindig gemacht, in der Gerbergasse, bei der ich in Pension leben solle. Frau Lutter, meine zukünftige Wirtin, sei die freundliche Gattin eines pensionierten Hofbeamten, und ihre einzige Tochter sei inzwischen erwachsen und verheiratet, so daß sie gern für mein leibliches Wohl sorgen werde.

»Auch habe ich selbst vor«, fährt Fürstin Mathilde fort, indem sie Vater die Adresse der Frau Lutter in der Gerbergasse reicht, die ein Bedienter auf ihren Wunsch notiert hat, »mich intensiv um die Entwicklung Ihrer Tochter zu kümmern, wenn es Ihnen recht ist. Ich will das Kind sehr oft bei mir sehen.« Vater bedankt sich abermals, und das Kind, das töricht herumsteht, wird über und über rot. Glücklicherweise ist die Audienz damit beendet. Die Fürstin wünscht Vater und mir eine gute Heimreise, richtet Empfehlungen an die Frau Gemahlin aus, und wir werden hinausgeleitet.

Meine weiteren Erinnerungen sind undeutlich. Vater zeigt sich sehr zufrieden: »Wirklich eine vernünftige Frau, sehr gebildet!« Er ist den Rest des Tages aufgeräumt und jovial, kann es aber nicht unterlassen, in diesem Zusammenhang noch allerlei grundsätzlich Kritisches über den Adel zum besten zu geben. Am selben Nachmittag begleitet er mich in die Gerbergasse, mitsamt meinem Gepäck – es ist wenig genug, so daß wir sehr gut zu zweit damit fertig werden. Frau Lutter ist eine stille, etwas farblose Frau, geistig unbedarft, aber dafür kocht sie ausgezeichnet, und sie ist der Fürstin sehr ergeben. Sie hat mir bereits ein schönes, wenn auch nicht sehr großes Eckzimmer im zweiten Stock hergerichtet, das sogenannte Mädchenzimmer, in dem bis vor einem Jahr ihre Tochter wohnte. Vater und ich essen am folgenden Tag noch gemeinsam bei Lutters zu Mittag, auch Herr Lutter und eine im Haus lebende unverheiratete Tante sind dabei. Dann reist Vater ab. Er will nicht, daß ich ihn zur Poststation begleite, aus Furcht, uns könnte zu wehmütig werden. Aber das lasse ich mir nicht nehmen, und so fließen unsere Tränen um die Wette. »Wir sind ja nicht Tagereisen auseinander!« wiederholt er mehrmals. »Du wirst uns ab und zu besuchen kommen!« Doch ganz bewußt hat er die Frage nach meinem Ferienaufenthalt im Gespräch mit der Fürstin nicht angeschnitten. Ich solle mich erst einmal einleben, meint er, und dann nach ihrem Ermessen richten.

Mein Vater! Wer wird ihn jetzt auf seinen Spaziergängen begleiten, wen hat er jetzt zum Reden? Und wen habe ich?

Als ich allein zurück in die Gerbergasse trotte, erscheint mir Sondershausen kalt und grau, jedenfalls um vieles häßlicher als Arnstadt. Ich fühle mich sehr einsam, schließlich bin ich bisher nie allein von zu Hause fortgewesen, und die Male, die Großmutter mich auf Reisen mitgenommen hat, kann ich an den Fingern einer Hand abzählen. Außerdem ist gewöhnlich Mama dabeigewesen oder Rosalie und einer von den Jungen. Der einzige Satz, der mir einfällt, um die traurige Leere in meinem Innern zu füllen, heißt: Jetzt fängt das Erwachsenwerden an – ich werde ihnen allen zeigen, wie hart ich arbeiten kann. Das sage ich mir immer wieder.

Frau Lutter tritt mir schon in der Tür entgegen: Ein Bediensteter aus dem Schloß habe die Nachricht hinterlassen, daß die Fürstin mich um fünf zur Teestunde erwarte, um mich mit meinem Gesang- und meinem Klavierlehrer bekannt zu machen.

Aus einem geheimen, später beschämt vernichteten Tagebuch

Manchmal, im Traum, stehen sie alle um mich herum, die Großmutter, die Tanten, die Schulkameradinnen und Lehrer aus Arnstadt, mit einem verächtlichen Lächeln, und ich spüre ihr Mißfallen bis in den tiefsten Grund meiner Seele. Was bist du schon, sagen ihre Blicke, nichts als ein Spielzeug von ihren Gnaden, ein Gegenstand ihrer Laune. Du bist und bleibst die Möchtegernhochhinaus-Malerstochter. So höhnen sie mit dem gemeinsten Lächeln.

Ich weiß, was du antworten würdest: Du mußt dich freimachen von dem, was die anderen denken, Jenny! Du bist begabt, und deswegen fördere ich dich, und außerdem habe ich dich sehr gern. Wenn du es nur einmal so sagtest, Mathilde, nur ein einziges Mal!

Heute habe ich dich nur von weitem gesehen, als du mit dem Fürsten ausfuhrst, und es tat so gut, weil du mich auch wahrgenommen hast, obwohl ich klein und verloren im Nebeneingang stand. Wie du die Hand gehoben und mir zugewunken hast, da war es, als ertönte ein gewaltiges Orchester, und zugleich überflutete mich ein so wunderbar warmes Gefühl! Sie bemerkt dich, sie will dir wohl, du bist ihr wichtig, zwischen all diesen Hofdamen, die elegant gekleidet sind und sich besser zu bewegen wissen und reiche Eltern und einen adligen Stammbaum haben! Alles in mir jubelte, als ich meiner geliebten Fürstin nachsah, wie sie mit ruhigen, edlen Bewegungen in die Equipage stieg.

Gerade erst bin ich zum Geburtstag reich von dir beschenkt worden, und jetzt habe ich im Brief nach Hause schon wieder eine ganze Seite gebraucht, um aufzuzählen, was ich alles zu Weihnachten von dir bekommen habe. Dieses Weihnachten wird mir auf ewig unvergeßlich bleiben! Wie ich mit Lutters in der guten Stube saß – Frau Lutter hatte mir Wollsocken geschenkt und ich ihr ein Batisttüchlein gestickt –, da trat ganz unverhofft ein Bedienter vom Schloß herein und sagte, ich solle gleich mitkommen. Und schon eilten wir durch die Kälte, die verschneiten Straßen, hinein in das Lichtgefunkel des Schlosses. Im Salon war allerlei Gesellschaft versammelt, doch du, mitten unter den festlich gekleideten Menschen, bemerktest mich sofort, nahmst mich bei der Hand – wie sie alle schauten, wie uns alle Blicke folgten! – und führtest mich in ein kleineres Nebenzimmer, wo auf einem großen Tisch meine Geschenke ausgebreitet lagen: zwei Kleider, ein kattunes und ein Ginghamkleid fürs Haus, eine weiß gestickte Pelerine mit rosa Atlasstreifen, fünf Paar lange und kurze Glacéhandschuhe, ein Dutzend feine weiße leinene Taschentücher, in die mein Name gestickt war, ein Paar niedliche Ohrringe aus echtem Gold mit roten Steinchen, ein samtenes Halsband, ein elastischer Schnürleib, ferner »Nösselts Weltgeschichte«, prächtig eingebunden, ein Liederbuch in rotem Saffian, darauf mein Name in goldenen Lettern, zwei Dutzend vergoldete Federn und ein silberner Federhalter, ein Stoß feines weißes Papier, und dazu Äpfel, Nüsse, Zuckerwatte. Ich stand ganz überwältigt da, als ich begriff, daß das alles für mich sein sollte, und du lachtest nur leise, strichst mir übers Haar und warst fort, wieder mitten unter der Hofgesellschaft, ehe ich mich bedanken konnte. Jetzt ist das Fest vorüber, der Schnee fällt, und ich sitze in meinem Eckzimmer in der Gerbergasse in meinem neuen Hauskleid und möchte den ganzen Papierstapel verbrauchen, indem ich dir schreibe, wie glücklich du mich machst, wie dankbar ich dir bin.

Du bist krank, und sie lassen mich nicht zu dir. Ich bin furchtbar beunruhigt – es wird doch nichts Schlimmes sein? Frau von Wildenburg sagte es mir heute, als ich zum Französischunterricht ging, von oben herab, wichtigtuerisch und näselnd: Durchlaucht befinden sich gar nicht wohl. Und als ich nachfragte, diese Geheimniskrämerei: vielleicht der Luftzug gestern abend, vielleicht etwas Ernsteres. Es war nicht herauszubringen, was dir nun wirklich fehlt. Ich wette, die von Wildenburg will mich zappeln lassen; sie genießt es, mich klein zu machen. Wo denken Sie hin? schrie sie gleich mit spitzer Stimme auf, als ich fragte, ob ich dir trotzdem meine Aufwartung machen dürfe. Wo denken Sie hin? Voll von Geringschätzung und heimlichem Triumph.

Eigentlich hat Vater ganz recht, wenn er nichts vom Adel hält. Die Oberflächlichkeit und Arroganz dieser Menschen! Nur meine Fürstin ist da anders. Sie ist klug und gütig; sie schaut einem tief in die Seele; sie fördert die Künste und schaut nicht auf Standesunterschiede, sondern nur auf menschliche Qualitäten. Und sie hat selbst viel Leid erfahren und weiß sich in das anderer Menschen einzufühlen. Ich glaube, der Fürst ist ihrer nicht wert. Manchmal sitzt sie da beim Tee und schaut so verloren drein, während der Fürst mit Frau von Wildenburg schäkert. Dann nimmt sie nicht einmal wahr, daß ich zugegen bin. Ich möchte auf sie zueilen, vor ihr niederknien und sagen: Ich verstehe dich! Du bist eine Fremde unter diesen Menschen, die einzig wirklich Adlige unter all diesen Gemeinen, und ich bin fremd und heimatlos hier und dir seelenverwandt.

Manchmal mache ich mir Gedanken, ob du mit dem Fürsten über mich sprichst. Schon die bloße Möglichkeit macht mich ganz krank. Selbst wenn du nur sagen würdest: »Die kleine Jenny macht Fortschritte« – selbst das wäre für mich der fürchterlichste Verrat. Es ist mir schon arg genug, dich mit diesem groben Menschen verbunden zu wissen. Frau von Moorsleben sagt, es ist längst ein offenes Geheimnis, daß der Fürst dich abends nicht mehr in deinen Privaträumen aufsucht – um so besser, so bist du wenigstens die ehelichen Pflichten los! Wie häßlich er das neulich sagte, im Beisein aller: Madame, Ihre Ausgaben für diesen Firlefanz werden eklatant! – und er meinte das Sondershausener Theater und den neuen Tenor, und natürlich mußte er auch mich meinen. Aber sie schien das nur wenig zu verletzen; jedenfalls reagierte sie wundervoll, mit einem wahrhaft königlichen Lächeln: Es ist Ihre Residenz, die ich verschöne.

Manchmal wünsche ich mir, ganz und gar in deinem Schatten unterzutauchen, mich darin aufzulösen. Es gibt Tage, da will ich mich nur zusammenrollen und meine Gedanken treiben lassen, einmal versuchen, die ganze Riesengröße meines Glücks wirklich zu begreifen. Daß du mich nach Sondershausen geholt hast. Daß du für mich sorgst wie für ein eigenes Kind. Daß du meine Wohnung, meine Kleider, mein Essen, meine Lehrer bezahlst und obendrein meinen Eltern ab und zu kleine Geschenke schickst. Aber vor allem, daß du an mich und meine Zukunft glaubst, daß du mich manchmal ansiehst mit diesem warmen dunklen Blick, der ein Geheimnis zwischen uns enthält. Manchmal ist es ein Gefühl, das mich fast zersprengt. Wie wundervoll du das gesagt hast: »Sieh nicht deine Gebieterin in mir, mein Kind, sondern eine Art erwachsene Freundin.«

Was habe ich dir bloß getan, daß du mich seit Tagen nicht beachtest und so grausam beiseite schiebst? Als ich dich endlich einmal antraf im Grünen Salon und Frau von Berg sich mit ironischer Miene entfernte, da sagtest du scharf: »Was treiben Sie schon wieder hier, Jenny, Sie sollten längst in Ihrer Französischstunde sein!« Und eiskalt: »Ich kann mich nicht erinnern, Ihnen Audienz gewährt zu haben.« Und du rauschtest hinaus und ließest mich stehen wie einen begossenen Pudel. Dabei wollt ich dir doch nur meinen letzten Deutschaufsatz zeigen, den der Direktor so gelobt hat. Ich bin fortgerannt, mit den Tränen kämpfend. Zum Glück ist mir niemand begegnet. Was habe ich ihr getan, daß sie mich so behandelt? Ich zog durch die Stadt, vom Schloß zu meinem Quartier, mit Tränen in den Augen, und in mir war ein Schmerz, gegen den ich kämpfte. Er hüpfte in mir auf und ab. Ich fühlte mich wie ein kleiner flügellahmer Vogel, hilflos, ja, und gedemütigt. Um dem Schmerz zu wehren, sang ich leise vor mich hin: Eines Tages bin ich erwachsen und berühmt, und du mußt mich endlich als gleichwertig anerkennen. Oh, Mathilde, es ist immer das alte Lied: Selbsthaß – und die wilde Entschlossenheit, mich von dir loszusagen, weil du mich so quälst. Aber immer wieder geht dieser Vorsatz unter in Abhängigkeit. Immer wieder das alte Lied vom herablassenden Lächeln des Fürsten und den Kugelaugen all der Hofschranzen, die deutlich sagen: Da hat sie sich ja ein sonderbares Anhängsel zugelegt! Und wenn du dann auch mir mit Kälte begegnest. Oh, hätte ich doch Klarheit, was ich dir wirklich bedeute! Oder wenigstens Klarheit über mich selbst, das Ende der Verwirrung. Ist das zuviel verlangt?

Und dann wieder bin ich plötzlich in wunderbar guter Stimmung, und warum? Ich weiß es selber nicht. Der Himmel blau, die Sonne lacht, und ich laufe mehr, als daß ich gehe, scheue die strafenden Blicke der Leute nicht, laufe am Stadtrand den Hügel hinauf und singe, singe in überschäumender Lebensfreude all meine neuen Lieder. Natürlich habe ich am Nachmittag auch fleißig meine Tonleitern geübt. Ich habe einen französischen Roman begonnen. Und heute abend wird die Theatersaison eröffnet, und ich werde hingehen in meinen neuen Atlasstiefelchen und mit dem neuen Opernglas, beides Geschenke meiner Fürstin, und vielleicht will es mein Glücksstern, daß sie allein in ihrer Loge sitzt.

Mathilde, geliebte fürstliche Freundin, mein Herz ist voller Trauer, da ich doch erkennen muß, daß du, an die ich meine geheimsten Gedanken richte, nur ein Geschöpf meiner Phantasie bist. Die andere, die wirkliche Mathilde macht sich gar nichts aus mir, schon seit Tagen schenkt sie mir keinen Blick – ich weiß nicht, warum. Und ich weiß nicht, was ich schrecklicher finde: wenn sie den Raum verläßt, sobald ich eintrete, oder wenn sie diesen gleichgültig-kalten Blick über mich schweifen läßt, unter dem mir alle Worte in der Brust gefrieren. Ach, nun muß ich einsehen, ich habe mir ja nur ein Bild gemacht für meine Verehrung, und von der wirklichen Mathilde weiß ich fast nichts – außer, daß sie kein Interesse an mir hat. Hat sie denn nicht gesagt: »Du darfst immer zu mir kommen, wenn du mich brauchst.« Nun bin ich tagelang hinter ihr hergelaufen, um sie allein zu sprechen, nur wenige Minuten, und gestern hat sie das mit der Audienz gesagt: »Ich kann mich nicht erinnern, Ihnen eine Audienz gewährt zu haben!« Sprach's, drehte sich auf dem Absatz um und verschwand in ihren Privatgemächern.

Wie sie ihre Macht über mich ausnutzt, die ja nicht nur eine äußerliche ist! »Sie sind impertinent, mein Kind!« sagt sie und vernichtet mich mit ihrer Kälte. Was ist denn impertinent an der Frage, ob sie unglücklich ist? Was ist denn unverschämt daran, ihre Nähe zu suchen? Hat sie selber mich nicht früher in so vielen ähnlichen Situationen dazu ermutigt? Auf einmal schilt sie mich, nennt mich anmaßend, arrogant. »Mein liebes Fräulein John, Sie bilden sich zuviel ein auf Fähigkeiten, die Sie bisher nicht einmal unter Beweis gestellt haben!« Sie sprüht förmlich kalte Funken, und ihre Miene, ihre Stimme bedeutet: Du bist ein Niemand und ein Nichts, merk dir das.

Und dann, aus irgendeinem Grunde, niemand, am allerwenigsten ich selbst, weiß, warum, ist plötzlich alles wieder gut. Oh, Mathilde, ich könnte mich auf den Boden werfen und weinen vor Freude. Wenn ich allein bin, kommt mir die Sprache wieder, und ich schmettere alle ungesagten Sätze durch den alten Stadtpark, daß von dem Hall die Blätter der Bäume zu Boden fallen. Oh, Mathilde, du bist so gut zu mir! Ich möchte etwas für dich tun, irgend etwas ganz Verrücktes. Ich möchte nur von dir träumen dürfen, du sollst mein Traum bleiben, um den viele Schleier hängen. »Nicht ich habe mich verändert, liebe Jenny, sondern du: du bist ein Jahr älter geworden...« Wie wunderbar das klang, ernst und gütig aus deinem Munde, und wie du mir dann alles erklärt hast: »Ich habe dich im allgemeinen gern um mich. Wenn ich dir im Augenblick etwas abweisend erscheine, so liegt es daran, daß ich ein bißchen angegriffen bin und selber Schwierigkeiten habe.« Diesmal wagte ich nicht, sie zu fragen, doch ich bin gewiß, es müssen Schwierigkeiten mit dem Fürsten sein.

So daß ich nach Hause komme, das heißt in die Gerbergasse, an diesen Ort, der nie mein Zuhause war noch jemals sein wird, mit einem Gesicht, das schmerzt vor glücklichem Lächeln. Daß ich wie toll durch die Stadt renne im Dämmern, die Lichter hinter den Fenstern brennen schon, und die wenigen Leute auf der Straße drehen sich nach mir um, weil ich so sonderbar erscheine. Wie oft gab es diese schwer erklärlichen Mißtöne zwischen uns in den letzten Wochen, und wie oft haben wir uns versöhnt – und danach war es immer noch schöner als zuvor.

Nun ist es keine drei Stunden her, daß ich vor ihr kniete. »Komm her zu mir, Jenny, sieh mich an, und sag mir, ob du noch böse bist?« Keine drei Stunden her, daß ich vor dir kniete und du mit der Hand über mein Haar gestrichen hast, und dann sind wir Arm in Arm durch den Park geschritten, und ich kann noch das Gefühl spüren, wie deine Hände auf meinen Schultern lagen, als ich vor dir kniete. »Siehst du: die Versöhnung ist doch immer das Schönste«, hast du gesagt.

Wien – eine Operette

Wien, goldene Zeit, meine unbeschwerten Jahre, wie fliegen sie dahin! Es heißt immer, man begreife erst im nachhinein, erst wenn eine Lebensphase zu Ende geht, wie glücklich sie war. Doch in Wien ist es anders, in Wien bin ich mir meines Glücks bewußt, vom ersten Tage an.

Sondershausen kommt mir sehr weit weg vor. Es ist, als seien Jahrzehnte seither vergangen, und die Erinnerung an meine Schwärmereien und Wirren ist mir eher ein wenig peinlich.

»Vielleicht bist du gerade noch rechtzeitig fortgekommen«, meint die liebe Leopoldine nachdenklich, als ich sie flüchtig in meine Beziehungen zu Mathilde einweihe. »Es war wohl etwas Ungutes, Überhitztes daran.« Ich spüre gleich, daß meiner neuen Freundin derlei Gefühle fremd und unheimlich sind, so daß ich ihr lieber nur einen Bruchteil erzähle, das Ausmaß meiner Verstrickung aber wohlweislich verschweige. Fürstin Mathilde, meine Gönnerin, von der Frau von Huber stets bewundernd, aber immer auch mit einer gewissen Reserve spricht, entrückt mir mit atemberaubender Geschwindigkeit und erstarrt zu einem Bild. Ich kann in Wien freier atmen. Leopoldine fragt: »Was ist sie für ein Mensch?« Ich fühle mich ungeheuer erwachsen, als ich sie kühl und ohne Affekt beschreibe: »Eine faszinierende Frau, mit einem Charme, der auf Männer und Frauen gleichermaßen anziehend wirkt, ihrem Gatten in fast jeder Hinsicht überlegen, sehr intelligent, gebildet und vielseitig interessiert. Vielleicht ein bißchen verwöhnt – was Wunder –, ein bißchen launisch und kokett und sehr von sich selbst eingenommen, dabei aber menschlich und voll sozialem Empfinden.« – »Dann muß sie sich schwertun in ihrer kleinen Residenz«, urteilt Leopoldine abschließend. Es erscheint ihr unvorstellbar, daß eine interessante Frau anderswo leben könne als in Wien.

Kaiserstadt Wien, Stadt der Städte. Erschien mir der Hof zu Sondershausen mit sechzehn Jahren als die große Welt, so schrumpft er nun zur Puppenbühne, gerade passend für unser berühmtes Arnstädter Puppenmuseum Mon Plaisir. Ich sehe Mathilde als Puppenbühnenkönigin, und mir selber wird die Welt in Wien weit und wird noch immer weiter werden. Ich klettere auf einen Regenbogen.
Wien ist Musik, und Musik ist mein Leben. Hat hier nicht Mozart gelebt, Beethoven, Haydn, Schubert? In Arnstadt liegen nur die Bach-Verwandten begraben. Hier ist mein Leben eine einzige Operette, nicht nur, weil meine Gastgeber mit mir jede Aufführung im »Theater an der Wien« besuchen. Wien ist Musik, und der Menschenschlag hier ein anderer als in Thüringen, man nimmt das Leben leichter, von der heiteren Seite. Zwar wird in den Salons und Kaffeehäusern lebhaft politisiert, sobald die Männer unter sich sind; es gäre, heißt es, auf den Straßen und Märkten. Was den einen der bevorstehende Untergang des Abendlands, ist den anderen die Morgenröte einer neuen Zeit, einer freien und gerechteren Gesellschaft.

Leopoldine freilich hat andere Sorgen: Ob sie durch die Andeutung eines Flirts mit Herrn von P. den Herrn von N. endlich dazu bringen kann, sich zu erklären? Ob sie auf den Sommernachtsball gehen kann, wenn nur P., nicht aber N. anwesend sein wird? Von wem wohl der kleine Vers auf dem anonymen Billett stammt, das uns, in einem Rosenbouquet versteckt, überreicht wurde: »Je vous aime / je vous adore / que voulez-vous / donc encore?« Und wer von uns beiden

42

war von dem Schreiber gemeint, sie oder ich? Wie können wir uns die begehrten Einladungskarten für die im Schönbrunner Schloßtheater stattfindende Aufführung von »Madame Barbe-Bleu« verschaffen, bei der die Schauspieler Mitglieder des Hochadels sind, die zu Wohltätigkeitszwecken spielen? Obwohl etwas älter als ich, kommt mir Leopoldine doch jünger vor, jedenfalls weiß sie bei all ihrer gesellschaftlichen Versiertheit vom Ernst des Lebens so gut wie nichts. Doch ist sie eine treue Freundin, vielleicht eine Spur zu oberflächlich, dafür jedoch warmherzig. Sie nimmt den lebhaftesten Anteil an meiner Zukunft. Für sich selbst hat sie die feste Absicht, nur noch an dieser, höchstens noch an der nächsten Saison teilzunehmen, dann aber den Hofrat von N. zu heiraten, der noch gar nichts von diesen Plänen weiß, und ein eigenes Haus zu führen. Was mich betrifft, so wacht sie streng darüber, daß ich bei Bällen, Empfängen und Soirées meine Berufung nicht vergesse. »Du hast sicher bemerkt, daß der kleine Hubert dir ständig Komplimente macht und wie sehr auch der dicke, alte Baron Weißborn, der schon zwei Ehefrauen unter die Erde gebracht hat, sich um dich bemüht. Der eine ist ein wirklich hübscher Junge, und der andere immerhin reich genug, daß ihm manche Frauen sein Alter und seine Häßlichkeit nachsehen würden – doch du, die du eine berühmte Sängerin werden wirst, darfst noch lange nicht an die Ehe denken.«

Ihre freundschaftlichen Warnungen sind überflüssig, weder der kleine Hubert noch Baron Weißborn sind mir einen Gedanken wert, ich habe nur das Leben als solches im Kopf, das freie weite Leben, wie ich es hier jetzt erlebe, wie es vor mir liegt, all das, was ich noch sehen und lernen werde, meine Musik. Manchmal weiß ich kaum, wohin mit meinem Glück, meinem Überschwang. Ich habe keine Worte, all die Weite auszudrücken, die mir die Brust zu sprengen droht, nur im Gesang kann ich meinen Gefühlen freien Lauf lassen. Zum ersten Mal im Leben bin ich keine Außenseiterin, sondern ein junges Mädchen wie die anderen, leidlich hübsch, leidlich gut angezogen, dank Mathildes großzügig bemessenem Nadelgeld, und eine begehrte Tänzerin. Und bin doch zugleich anders als die von Huberschen Mädchen, die sich nur nach einer angemessenen Partie umschauen. Jeden Tag gehe ich zu meinem berühmten Gesanglehrer Kunt, der auch die große Mara ausgebildet hat und recht zufrieden mit mir scheint. Dreimal in der Woche kommt der Italienischlehrer zu uns ins Haus; ich mache leidliche Fortschritte und schreite auch im Französischen sowie in Deklamation und Rhetorik gut voran. Das schreibe ich Mathilde in meinen pünktlichen kleinen Rechenschaftsberichten, zweimal im Monat. »Wenn im Hause von Huber abends Gesellschaft ist, bitten sie mich häufig vorzusingen, oder Fräulein Leopoldine von Huber und ich spielen vierhändig, und die Gäste sind stets höflich genug, uns sehr lebhaft zu applaudieren.« So schreibe ich Mathilde, vielleicht etwas steife und langweilige Briefe. Sie antwortet mir auch nur selten und kurz, indem sie mich ihres Beifalls und unveränderten Wohlwollens versichert und dem noch ein, zwei Anekdoten, ironisch kommentiertes Hofgeplaudere, hinzufügt.

Die Briefe an die Eltern und Geschwister dagegen geraten mir überschwenglich und euphorisch. »Wenn Ihr wüßtet, wie paradiesisch ich es hier getroffen habe! Wie schnell ich hier heimisch geworden bin! Wie Frau von Huber mich gleich an ihre stattliche Brust gedrückt hat: Sie werden jetzt meine jüngste Tochter sein, Jenny! Von nun an habe ich vier Töchter. Wie sie mich überall spazierengefahren und herumgeführt haben! Zuerst natürlich zum Steffl, wie sie ihren herrlichen Dom respektlos nennen, und durch die Stadt mit ihren breiten Straßen und den imposanten Fassaden in warmem Gelb, vier- oder fünfstöckige Gebäude – noch nie habe ich so hohe Häuser gesehen! Das Belvedere gefällt mir besser als Schönbrunn, und dann natürlich die Hofburg und die vornehmen Adelspalais! Und die eleganten Geschäfte in der Esterhazygasse oder auf der Maria-Hilfer-Straße! Und das nächtliche Wien, wie es sich in gewaltigem Barock um uns türmt, wenn wir vom Theater nach Hause fahren! Sehr viel Straßenbeleuchtung! Warum erscheint mir die Stadt eigentlich so heiter, obwohl doch auch hier der Winter kalt und grau ist und obwohl es mehr als genug düstere Gassen hat, mit vielen Stiegen und schmiedeeisernen Gittern und feuchtigkeitsgeschwärzten Brunnen und Denkmälern und Tausenden von Tauben, die auf Mauervorsprüngen, Stuck und Gesimsen stolzieren, aufgeplustert, und dann und wann in schwarzen Wolken auf die Platzerln und Gasserln herabfallen. Sobald es Frühling wird, geht's nach Grinzing hinaus, durch den Wiener Wald hinauf zum Kahlenberg, da liegt die großmächtige Stadt Wien klein und blau zu unseren Füßen, die sich windende Donau dunkel, tief und breit, und an ihrer Seite und ringsum überschwemmte Flußwiesen in sattem Grün. Wir jungen Leute spazieren zu Fuß zum Leopoldsberg, während die älteren Herrschaften den Wagen nehmen und dort schon bei Kaffee mit Schlagobers, Nußkipferln und Tortenstrudl sitzen, wenn wir anlangen. Einmal sind wir mit dem Schiff die Donau entlanggefahren nach Klosterneuburg, und sonntags gibt es bei schönem Wetter manchmal Picknick im Schönbrunner Schloßpark. Wie soll ich Euch die Farben beschreiben und die Gerüche, Mai, Juni, ein beinahe wolkenloser Himmel, weicher Wind und Fliederduft, die Springbrunnen plätschern, und wir spazieren unter den alten Bäumen aus dem nach französischer Art gepflegten Teil des Parks in die allmählich verwilderte englische Parklandschaft. Ach, daß Ihr es nicht sehen, daß Ihr nicht auch hier sein könnt! Ich möchte es so gern mit Euch teilen, wenigstens so beschreiben, daß Ihr es wirklich und wahrhaftig vor Euch seht. Wien, Heimat meiner Seele, wenn auch nur des helleren

Teils von ihr – der andere, dunkle, wird immer im Thüringer Wald wohnen.

Doch seid Ihr auch alle gesund? Hustet Vater noch? Was macht Rosalies Brustleiden? Kommen die Jungen in der Schule voran, und habt Ihr auch immer genug zu essen? Wie ist das Wetter zu Hause, und müßt Ihr auch nicht frieren? Was malt der Vater gerade, und hat die Mutter nicht zu sehr unter der Migräne zu leiden?« Sie schreiben nichts von der Not zu Hause, und doch kann ich sie zwischen den Zeilen spüren. »Was hast du es gut, liebes Kind, danke Gott und auch der Fürstin für ihre Güte, und hoffentlich machst du weiter Fortschritte im Gesang.« Das ist die Mutter.

Ich träume oft genug von zu Hause, und die Verhältnisse erscheinen mir im Traum noch viel elender und bedrückender, als sie es in Wirklichkeit je waren. Diese Träume sind die Nachtseite meines Glücks. Wie kann ich das alles ohne schlechtes Gewissen genießen? Nur indem ich es als kleine Insel der Vorläufigkeit betrachte; schon bald wird die Zeit kommen, da meine Ausbildung beendet ist, die Förderung sich bezahlt macht und ich mein Einkommen mit ihnen teilen kann.

»Nun wartet nur, bald kömmt der Zeitpunkt, wo ich sagen kann, nun kommt alle her, ich bin imstande, für Euch und mich ehrlich und redlich zu sorgen; Noth und Kummer, die beiden fürchterlichen Gäste, die uns öfter heimsuchten, müssen erschreckt fliehen, und ein neues Leben, eine neue Welt, thut sich uns allen auf. Ich habe Gott sei Dank ein Recht, das alles mit Gewißheit Euch versprechen zu können; denn Gott, unser gütiger Vater, hat mir ein fast seltenes Talent zur Bühne und zum Gesang verliehen, das jetzt immer glänzender hervortritt. Meine Lehrer haben die besten Hoffnungen, und ich gründe all mein Streben darauf. Theilt aber dies niemand mit, man möchte mich für anmaßend und arrogant halten.«[6]
Es trifft mich wie ein Blitzschlag, als mir die Fürstin von heut

auf morgen ohne Umschweife mitteilt: »Es ist soweit. Ich habe ein erstes Engagement für Dich. Du darfst in Leipzig die Rolle der Gabriele in Kreutzers Oper ›Nachtlager‹ übernehmen. Freust Du Dich?«

»Du behältst selbstverständlich dein Zimmer hier«, sagt Pflegemütterchen von Huber, während ich überstürzt die Koffer packe, »wer weiß, vielleicht singst du ja in Zukunft einmal an der Hofoper. Oder du kommst zu Besuch nach Wien. Bei uns findest du immer ein Zuhause.«

Die seriöse Biographie III:
Frühe Erwachsenenjahre (1847–1863)

Eugenies erster öffentlicher Auftritt als »Fürstlich Schwarz-burg-Sondershausensche Kammersängerin« in Leipzig, dem die Fürstin beiwohnte, war alles andere als ein Erfolg. Die Einundzwanzigjährige litt so sehr unter Lampenfieber, daß ihr die Stimme buchstäblich im Halse stecken blieb.

Die Fürstin nahm sie anschließend mit nach Sondershausen, wo sie an der kleinen Hofbühne erst einmal Sicherheit und Selbstvertrauen gewinnen sollte, bevor sie weitere Versuche auf anderen Bühnen wagte. Doch die Ehescheidung der Für-stin im Jahre 1847 setzte der Schonphase ein rasches Ende. Im Herbst 1848 war Eugenie wieder in Wien, bei Familie Huber, und sah sich nach einem Engagement um. Obwohl es ihr gelang, Kontakte zur Wiener Hofoper zu knüpfen, und sie auch einmal, im Jahre 1849, vor dem kaiserlichen Hof in Olmütz auftreten konnte, fand sie keine feste Anstellung. Es war die Zeit der Revolution, die Theater waren leer, und das öffentliche Interesse an Musik war gering.

Eugenie kehrte nach Arnstadt zurück und unternahm von dort aus, in Begleitung ihrer Mutter, Tourneen in die öster-reichische Provinz nach Linz und Graz und bis hin nach Krakau und Lemberg.

Schon bald jedoch wurde sie von einem merkwürdigen Gehörleiden befallen, das Verwandte und Ärzte als Folge von Überanstrengung und Angst vor Publikum deuteten: eine Schwerhörigkeit, die zwar nur vorübergehend auftrat, sich dann aber beinahe bis zur Taubheit steigern konnte. Eu-genie John mußte ihre eben begonnene Laufbahn als Sänge-rin aufgeben.

Ärztliche Behandlung, Bäder und Kuren blieben erfolglos. Eugenie verfiel in eine schwere Depression. Wieder war die Fürstin Mathilde die Helferin in der Not: Sie engagierte Eugenie als Gesellschafterin. So war sie versorgt und konnte von ihrem Gehalt auch ihren Vater unterstützen, nachdem ihre Mutter 1853 verstorben war. Von 1853 bis 1863 gehörte Eugenie zum Gefolge der geschiedenen Fürstin, lebte teils auf deren väterlichem Schloß Friedrichsruhe bei Oehringen, teils in ihrem Münchener Stadtpalais und begleitete die Fürstin auch auf ihren zahlreichen Reisen, vor allem in Bayern und Österreich. Bis 1859 blieb ihr noch ein Rest Hoffnung auf Heilung ihrer Schwerhörigkeit, doch nahm ihr die Fürstin, die ihre ärztliche Behandlung finanzierte, das Versprechen ab, auch nach Wiederherstellung ihrer Gesundheit die Bühne nicht mehr zu betreten. Sie schickte Eugenie auch zu ihrem eigenen Nervenarzt, Dr. Otto von Franque in München. Hier wohnte Eugenie eine Zeitlang im Hause des damals recht bekannten Lyrikers Bodenstedt.

Eugenies schriftliche Darstellungskraft, ihre stilistische Gewandtheit waren schon in ihrer Schulzeit aufgefallen. Jetzt wurde sie von verschiedenen Seiten, unter anderem von Bodenstedt, zum Schreiben ermuntert. Er bot sich an, ihren ersten Versuch, die Novelle »Schulmeisters Marie«, an eine Romanzeitung zu vermitteln. Als der Herausgeber eine Veröffentlichung ablehnte, war Eugenie zunächst tief entmutigt.

Die Anregung zu schreiben wurde auch von der Fürstin Mathilde unterstützt, die nicht nur kleine Zirkel um sich versammelte, in denen geistvoll über Literatur und Kunst geplaudert und Musik gehört wurde, sondern auch selber schrieb: Unter dem Pseudonym M. Dornheim hatte sie einige Gedichte in Anthologien veröffentlicht und 1857 sogar ein Drama in Versen, »Jadwiga, Königin von Polen«, das den Konflikt einer Königstochter zwischen Pflicht und Neigung schilderte. Das Zusammenleben von Mathilde und Eugenie, die nunmehr von der Fürstin in Abwandlung ihres Familiennamens John »die Juno« genannt wurde, gestaltete sich jetzt eher vertraulich; die Juno war Vorleserin, Reisebegleiterin, Sekretärin, Ratgeberin und schließlich auch Pflegerin der kranken Fürstin. Sie sammelte Eindrücke vom Hofleben, lernte viele Menschen kennen und versuchte, in ihren freien Stunden zu schreiben.

In den letzten Jahren ihres Aufenthalts bei der Fürstin scheint Eugenie John sich in einen Mann verliebt zu haben, dessen Namen wir jedoch nicht wissen. Ihre Schwägerin, Alfred Johns Frau Ida, berichtete nach Eugenies Tod von einer Verlobung, die aber nur wenige Wochen, womöglich nur Tage, gedauert habe und von Eugenie selbst gelöst wurde, weil sie sich auch weiterhin für die Ausbildung ihrer Brüder verantwortlich gefühlt habe. In einem Gedicht der Fürstin Mathilde an Eugenie findet sich eine Anspielung anderer Art auf diese Liebesbeziehung, von der sie selbst alle Spuren gründlich verwischt hat:

> *»Was hoffst du noch? Gib dich zufrieden.*
> *Sind Lenz und Jugend dir geschieden,*
> *Darfst du auf Wort und Schwur nicht bauen,*
> *Darfst rückwärts nicht, mußt vorwärts schauen...«*[7]

Das klingt, als sei die Beziehung von seiten des Mannes gelöst worden. Das Gedicht stammt aus dem Jahre 1862. Eugenie war damals 37 Jahre alt.

In dieser Zeit traten auch die ersten Symptome der arthritischen Krankheit auf, die ihr weiteres Leben prägen sollte: Verdickungen der Knöchel und Gelenke, die von den Ärzten zunächst als vorübergehende Erscheinungen, als Folge zu guter Ernährung diagnostiziert wurden. Die finanzielle Situation der geschiedenen kränkelnden Fürstin verschlech-

terte sich; sie mußte ihren Haushalt verkleinern und Gesell-
schaftsdamen entlassen. Eugenie war eine der letzten, von
denen sie sich im Einverständnis und unter Zusicherung
einer kleinen Pension trennte. So kehrte Eugenie 1863, acht-
unddreißigjährig, mit leeren Händen in ihre Heimatstadt
zurück, wo sie von ihrem verheirateten Bruder Alfred, der
dort Realschullehrer war, aufgenommen wurde.

Tournee ohne Ende

Dieser Gasthof ist womöglich schäbiger noch als der letzte, obwohl ich eine Steigerung für undenkbar hielt. Wenigstens bleibt mir diese eine Kerze, und im Ofen verglüht der letzte Holzklotz, den das Mädchen freundlicherweise vor dem Zubettgehen nachgelegt hat. Es ist früh am Abend, und doch hockt draußen schon schwarze Nacht, der Wind umkreist heulend das Haus, Licht und Schatten flackern über die ärmliche Zimmereinrichtung, und die Mutter, die schon unter den Decken liegt, hustet und seufzt.

»Leg dich schlafen, Eugenie, warte nicht, bis das Feuer ganz heruntergebrannt ist!«

In Linz haben wir bei den Kösters gewohnt, zwar etwas beengt, aber doch angenehm. Manchmal ist es noch deprimierender, privat untergebracht zu sein als im Gasthof. Die Komplimente, Stadtbesichtigungen, Einladungen zum Essen, zu kleinen Gesellschaften, und dabei zu wissen, daß wir uns nie revanchieren können! Und spätestens am dritten Tag läßt sich die Dürftigkeit unserer Garderobe nicht mehr verbergen. Wenn sie sich wenigstens wirklich etwas aus Musik machten, die Gastgeber!

»Es will mir gar nicht warm werden im Bett«, klagt die Mutter.

Die erste Tournee hat ihr besser gefallen, da war sie erwartungsvoll und freudig gespannt – mehr als ich. »Endlich einmal wieder auf Reisen, Kind«, frohlockte sie, »nach all den Jahren wieder ein bißchen anregende Konversation und Zerstreuung! In Arnstadt komme ich ja nie unter Menschen, da dein Vater so ungesellig ist, und wie lange ist es her, daß ich die Großmama auf eine ihrer Badereisen begleitet habe. Zudem ist es herrlich, dich abends singen zu hören, ich kann nicht genug davon bekommen, dich vorn auf der erleuchteten Bühne stehen zu sehen, wenn die Leute ringsum applaudieren mit feuchten Augen!« Wahrscheinlich waren ihre eigenen Augen meist feucht, sonst hätte sie die halbleeren Stuhlreihen, die Armseligkeit der kleinen Bühnen, in denen wir auch auf unserer ersten Reise gastierten, bemerkt. Sie hatte kein Gespür für die feinen Nuancen der Mißachtung, wie sie sich in der unzulänglichen Ankündigung und Vorbereitung meiner Auftritte, im eben nur höflichen Empfang durch die Theaterleitung und die örtlichen Honoratioren ausdrückte. Fräulein Eugenie Arnstädt, Fürstlich Schwarzburg-Sondershausensche Kammersängerin? Nie gehört. Wer ist denn das? Sie soll aus Wien kommen. Wien, immerhin. Doch was singt sie dann hier in der Provinz, hat sie das nötig? Und Wien? Ich kenne doch jeden Namen an der Hofoper, seit Jahren. Solche Gespräche, das fühle ich, gehen unserer Ankunft in den meisten Orten voraus. Nur in einigen kleinen Städten, wo selten oder nie kulturelle Ereignisse stattfinden, sind die Menschen dankbar und beeindruckt, jedenfalls die vier oder fünf Familien, die dort wirklich ein Interesse für Musik haben. Und bei dieser Tournee fällt mir das noch stärker auf als bei der vorherigen – oder bin ich nur müder und verzagter als bei der ersten, wie auch Mutter auf ihre Weise?

»Könntest du vielleicht nach einer Wärmflasche läuten, Eugenie?« – »Mutter, das Dienstmädchen hat sich längst schlafen gelegt.«

Sie haben uns wieder in einem dieser zweit- oder eher drittklassigen Gasthöfe untergebracht. Als wir heute am frühen Nachmittag bei kaltem und nassem Wetter eintrafen, hatte der Direktor der hiesigen Oper, mit dem ich vorher korrespondiert hatte, sich nicht einmal zur Begrüßung eingefunden. Er kam einige Stunden nachher mit einem Schwall dummer Floskeln. »Freilich kann ich Ihnen nicht versprechen, mein liebes Fräulein Arnstädt, daß Ihre Matinee sehr gut besucht sein wird, wir wollen diesbezüglich lieber keine allzu großen Erwartungen hegen, zumal Ihr Name nicht sehr bekannt ist und wir es hier am Ort überhaupt sehr schwer haben mit der Musik, insbesondere seit die Schirmherrin unserer kleinen Oper, unsere kunstsinnige Frau Baronin, verschied, denn ihre Nichte scheint so gar nicht der Musik geneigt zu sein, leider! Auch ist die politische Lage im Augenblick so angespannt, daß unseren gebildeten Kreisen der Sinn nicht recht nach Kunstgenuß steht, und nur das gebildete Publikum können wir ja anzusprechen hoffen. Deshalb ist es auch fraglich, ob es mir gelingen wird, den kleinen Musikabend in privatem Kreis zu veranstalten, von dem ich Ihnen schrieb. Unser Herr Vikar wollte Sie persönlich am Klavier begleiten, doch wie es scheint, liegt ihm mehr an geistlichen als an romantischen Liedern, Sie sollten morgen vielleicht selbst ein paar Worte mit ihm sprechen...« Ein Dämpfer nach dem anderen, und dabei habe ich gefaßt und höflich zu bleiben, als spürte ich die Herablassung in seinem Gehabe nicht. Auch Mutter, die sich früher lebhaft an derlei Gesprächen beteiligte, ist zurückhaltend und sehr still geworden; sie sitzt in der Ecke und begnügt sich mit einem Nicken dann und wann. Mir gefällt diese Ruhe nicht, sie sieht mir nach Resignation aus. Zudem ist Mutter auf dieser Reise sehr mager geworden und wieder öfter leidend.

»Komm doch jetzt auch zu Bett, Eugenie«, ruft sie klagend. Wir müssen uns in diesem Gasthof sogar ein Zimmer teilen. »Du wirst dich erkälten, und was soll dann aus deinem morgigen Auftritt werden! Wenn du keine Stimme hast! Jemand wird dir das Kleid schon ausbessern, ich kümmere mich darum. Leg dich schlafen, du brauchst dringend Ruhe.«

Tatsächlich habe ich in der letzten Zeit die sonderbarsten

Erschöpfungszustände, Schwindelanfälle, plötzliche Absenzen. Dabei arbeite ich zur Zeit gar nicht besonders hart. Es könnte am Herbstwetter liegen oder an der unregelmäßigen Ernährung.

»Hast du nicht gehört, Eugenie?«

Ich höre schlecht, in der Tat. Auch gestern wieder habe ich den Direktor wie eine Idiotin angelächelt, nachdem er längere Zeit auf mich eingeredet hatte. Plötzlich wieder diese Leere in meinem Gehirn, als er meine beiden Hände in die seinen nahm und mich erwartungsvoll ansah. Doch was er erwartete, weiß ich nicht, und weil es mir peinlich war, vergaß ich, seine Hände empört abzuschütteln, und lächelte statt dessen unbestimmt. Es war mit Sicherheit die falsche Reaktion, denn seine Irritation war unverkennbar. Dergleichen ist mir in der vergangenen Woche schon einmal passiert: Ich sehe jemanden an und höre auch zu, und plötzlich geht mir, meist inmitten eines geblähten Wortschwalls, der Sinn und der Inhalt verloren. Ich höre dann keine Worte mehr, sondern nur noch ein entferntes Auf und Ab der Stimme, wie Insektensummen. Vielleicht ist es eine Kreislaufschwäche.

»Du solltest bei dem schlechten Licht nicht nähen, und schon gar nicht in der zugigen Fensterecke. Du wirst dir den Tod holen.«

Die Mutter hustet. *Sie* verträgt die Zugluft nicht, *ihr* wird das Reisen zuviel. Ihr schlechter Appetit und der auffällige Gewichtsverlust zeigen es deutlich. Aber jemand muß mich begleiten, und wer sollte es sonst sein? Rosalies Gesellschaft allein wäre nicht schicklich, und außerdem kann sie nicht von zu Hause fort, bei der Unberechenbarkeit ihrer Nervenanfälle. Der Vater. Aber der hat ein wenig Arbeit zur Zeit und ist froh darüber. Mit ihm könnte es schön sein, wir hätten gemeinsame Gesprächsthemen, Malerei und Musik, Geschichte und Politik, er würde mir allerlei Wissenswertes über die Städte und Landschaften mitteilen, durch die wir reisen, und zwischendurch genügend Unterhaltung bei seinen mitgebrachten Büchern und Zeitschriften finden, anders als Mutter, die sich langweilt und sichtlich dahinkümmert, wenn in einem Ort keine Gesellschaften und Empfänge für uns veranstaltet werden – wie heute abend, wo uns nichts anderes übrigbleibt, als bei Einbruch der Dunkelheit zu Bett zu gehen.

»Wenn uns heute jemand einen Korb voll Früchte geschickt hätte wie vor zwei Wochen in O. – mir läuft das Wasser im Mund zusammen beim bloßen Gedanken an das herrliche Obst.«

Unser Nachtmahl war mehr als karg: Brot und ein bißchen Käse auf dem Zimmer. Dem Wirt sagten wir, daß wir bereits sehr reichlich diniert hätten und deswegen kein Abendessen mehr brauchten.

»Hast du auf die Toilette der Arztgattin in der Postkutsche geachtet? Eigentlich sehr unpassend, für eine Reise geradezu aufgedonnert, doch ich meine, ein ähnlicher Volant, vielleicht in dunklem Rot, könnte die abgetragenen Stellen an deinem Kleid verdecken und ihm ein modischeres Aussehen geben. Ich will es dir morgen bei Tageslicht zeigen.«

Als ich Wien verließ, schloß sich das Paradies hinter mir. In Leipzig bin ich aus den Wolken gefallen. Ich habe lange gebraucht, mich davon zu erholen, daß mein erster öffentlicher Auftritt unter einem schlechten Omen stand. Die Generalprobe war schlimm genug, die Aufführung selbst eine Katastrophe. Die Fürstin Mathilde saß in der Loge, neben dem Intendanten der Oper, zum Glück konnte ich ihren Gesichtsausdruck nicht wahrnehmen, alles verschwamm vor meinen Augen. Sie haben mich hinterher mit Gewalt vor den Vorhang gezerrt. Es war die schlimmste Demütigung meines Lebens, da draußen zu stehen und zu wissen, daß der schwache Beifall nur mitleidige Sympathie für die ängstliche Person mit dem bleichen Gesicht und den schwarzen Ringellocken bedeutete. Mathilde hat mich liebevoll in die Arme genommen. Ich weiß nicht, was aus mir geworden wäre, wenn sie anders reagiert hätte, verächtlich oder vorwurfsvoll oder enttäuscht, ob ich den Abend überlebt hätte. *Er war ein scharfkantiger Markstein in meinem Leben, der mich verwundete.*[8] »Warum warst du bloß so aufgeregt, mein Kind, so atemlos aufgeregt? Dazu bestand doch überhaupt kein Grund! Soweit man dich hören konnte, hast du recht schön gesungen.« So nahm sie mich tröstend in die Arme. Nie wieder Gabriele, nie wieder das »Nachtlager« und nie wieder Leipzig. Ein Schauer überfällt mich, wenn ich daran denke. Deprimiert und zerschlagen kehrte ich nach Sondershausen zurück, von wo ich so stolz und erwachsen aufgebrochen war. Bestimmt hätte ich einen Nervenzusammenbruch erlitten, wenn mir Fürst Günther in den ersten Tagen begegnet wäre und eine seiner ironischen Bemerkungen hätte fallenlassen. Erst allmählich wurde ich etwas ruhiger. Mathilde war anfangs bei fast jeder meiner Proben anwesend: »Da hast du es! Da siehst du, wie gut du bist, wenn du nur das alberne Lampenfieber überwindest. Deine Stimme hat eigentlich eine große Tragweite.« Doch plötzlich, wieder von einem Tag auf den andern, war sie verreist und hinterließ mir eine Nachricht: »Kehr zurück nach Wien und versuch dort Dein Glück! Ich kann im Augenblick nichts mehr für Dich tun, da ich Sondershausen verlasse und meine Zukunft noch ungeregelt ist.« Ich wußte, das hieß Scheidung. Ganz Mathilde, mir diese Entwicklung der Dinge vorher nicht anzudeuten.

»Hörst du, wie der Sturm tobt, Eugenie? Ich kann nicht einschlafen, wenn du noch aufsitzt.«

Was habe ich falsch gemacht? Ist es die Strafe für meinen Ehrgeiz, meine Eitelkeit? Dafür, daß ich in Wien selbstzufrieden war und zuversichtlich? War ich nicht fleißig genug, habe ich nicht ein wenig Glück redlich verdient? Jeden Morgen, wenn es eben geht, übe ich zwei Stunden Tonleitern vor dem Frühstück, singe dann vormittags drei Stunden und nachmittags nochmals drei, sofern abends kein Auftritt ist. Zu Hause habe ich das eisern durchgehalten, auf Reisen ist es nicht immer möglich. Es ist mir peinlich, wenn wie in F. der Wirt ankommt: »Mein Fräulein, ich schätze Ihre Kunst, aber die anderen Herrschaften fühlen sich belästigt...« Und wenn wir privat wohnen, mag ich erst recht niemand zur Last fallen. Bleiben noch die Spaziergänge, hinaus ins Freie, um auf den Feldern und in den Wäldern zu singen, was manchmal auch nicht bekömmlich ist, bei feuchtkalter Witterung. Auf der letzten Tournee war ich so erkältet und so heiser, daß wir in zwei Städten absagen mußten. Es trifft sich nicht immer so glücklich wie in P., wo wir bei der gräflichen Familie einen eigenen Gebäudeflügel zu unserer Verfügung hatten und mehrere herrliche Sommerwochen verbrachten. Der Graf ließ uns zu den Vorstellungen fahren, die im Umkreis stattfanden, veranstaltete mehrere gesellige Musikabende im Schloß und bat uns sehr herzlich, so lange wie möglich seine Gäste zu sein. Jeden Morgen fand ich frische Blumen von ihm in meinem Wohnzimmer vor. Dort konnte ich nach Herzenslust üben, ohne irgend jemanden zu stören.

»Eugenie, könntest du nicht der Fürstin Mathilde noch einmal wegen einer kleinen Unterstützung schreiben? Sie hat uns bisher immer so liebenswürdig geholfen.«

Bis ich zufällig vor meinem offenen Fenster ein Gespräch zwischen zwei Dienstboten überhörte: Die Komtesse habe dem Grafen Vorhaltungen unseretwegen gemacht, sagte eines der Mädchen zum Gärtnerburschen. Die Leute redeten schon. Alle diese Halbweltnaturen, dieses fahrende Volk der Künstler, Schauspieler und Musikanten, das seien doch nichts als Schmarotzer, die sich einnisteten, wo immer es sich bequem und gut leben ließe, und jeden zarten Wink, nun wieder zu gehen, geflissentlich übersähen. Das habe die Komtesse gesagt. Und wie er als Witwer seinen guten Namen ins Gerede bringen könne, indem er eine Sängerin umwerbe. Ein bißchen Förderung der Musik sei ja gut und schön, doch das habe er nun mehr als genug getan – und recht habe die Komtesse, sagte das Dienstmädchen zum Gärtnerburschen. Am nächsten Tag reisten wir ab. Mutter protestierte gegen den überstürzten Aufbruch – ich hatte ihr nichts von den Hintergründen erzählt –, und sie machte mir noch wochenlang Vorhaltungen, wie ich diesen feinen alten Herrn, den Grafen, so vor den Kopf hätte stoßen können!

Doch Mutter hat ja auch nicht bemerkt, wie impertinent der fette, alte Kaufmann in Graz mich immer angestarrt hat. Sie hat nur wahrgenommen, was sie wahrhaben wollte, nämlich daß er bei allen drei Vorstellungen in der ersten Reihe saß und nachher üppige Bouquets überreichen ließ. »Er liebt deinen Gesang, Eugenie«, meinte sie gerührt. Dabei sah ich ihn nur immer auf meinen Ausschnitt starren. Auch als er uns zu einer Ausfahrt einlud, bemerkte sie nicht, daß er seine fetten, kleinen Pfoten immer dicht bei meinem Kleid hatte. Vielmehr liebedienerte sie auf ärgerliche Weise, so daß ich mich nicht zu sagen getraute: Nehmen Sie die Flossen da weg! Zwar war auch Mutter etwas befremdet, daß der Kaufmann ohne seine Gattin mit uns spazierenfuhr, aber sie glaubte ihm bereitwillig, als er etwas von einem momentanen Unwohlsein murmelte. »Ich bin gespannt, Eugenie, ob Herr Sebastian morgen abend auch wieder da ist, wo er doch so ein Verehrer deines Gesanges ist«, meinte Mutter. Dabei ist er, wenn überhaupt, nur ein Verehrer meines Dekolletés und ein schmutziger alter Mann, dessen Absichten mir spätestens klar wurden, als seine Frau und ich uns am Tag nach unserer Ausfahrt zufällig vor der Apotheke begegneten. Sie musterte mich verächtlich und verschluckte ihren Gruß so, daß nur noch ein kurzes, böses Bellen vernehmlich war, und das schlimmste war, daß ich die Augen niederschlug und rot wurde. Ich errötete bei ihrem Anblick, weil ihr Mann sich mir gegenüber schamlos betrug!

»Die Fürstin, deine Gönnerin, wird dir diesen kleinen Wunsch sicher nicht abschlagen. Es handelt sich doch um eine für sie nur geringfügige Summe.«

Bei der ersten Tournee gab es hier und da durchaus kleine Erfolge und Freuden: Beifall, gute Kritiken in der lokalen Presse, Zeugnisse echter Ergriffenheit bei Menschen, die mich nach der Vorstellung ansprachen. Doch ich vermag nicht zu sagen, wie weit der freundlichere Empfang in manchen Orten noch auf Empfehlungen der Fürstin zurückzuführen war, die anfangs viele ihrer Verbindungen für mich genutzt hat. Inzwischen ist ihr Einfluß geringer geworden. Als geschiedene regierende Fürstin von Schwarzburg-Sondershausen hat ihr Name bei der Leitung von Theatern und Opern an Klang verloren, und in den letzten Monaten ist sie zunehmend mit sich selbst beschäftigt. Sie kümmert sich um ihre eigene Zukunft, was ich ihr nicht verdenken kann.

»Hörst du denn nicht, Eugenie? Du könntest die Fürstin bitten, uns die Reisekosten vorzustrecken, zur Überbrückung der Zeit bis Lemberg und damit du dir ein neues Kleid machen lassen kannst.«

»Nein, Mutter, ein für allemal: nein. Ich werde lieber verhungern als Mathilde noch einmal um Geld bitten.«

Hoffentlich schläft sie bald. Der Riß in meinem Reisekleid ist einigermaßen repariert. Ich friere inzwischen wirklich, und meine steifen Hände schmerzen. Der Wind draußen hat sich gelegt, die Kerze ist fast heruntergebrannt. Da sitze ich in einer kleinen Provinzstadt in der Fremde, meine Mutter ist mir kein Trost, und ich muß alle Kräfte zusammennehmen, um tapfer zu sein. Wie gern wäre ich zu Hause, in Arnstadt. Ich wäre gern wieder klein, das Kind an Vaters Hand auf dem Weg nach Haus. Ich möchte in meinem eigenen Bett einschlafen, wie damals, voller Selbstvertrauen. Bedeutet denn Erwachsensein Hoffnungslosigkeit? Und doch muß ich alle

Kraft zusammennehmen und meinen Weg fortsetzen. Es gibt nur diese oder gar keine Zukunft für mich.

»Hab Vertrauen«, sagte Vater mir bei meinem letzten Aufenthalt zu Hause, »auch das Talent braucht längere Zeit, sich durchzusetzen, sich öffentliche Anerkennung und Geltung zu erringen.« Er glaubt noch an mein Talent! »Nimm diese schwere Zeit als Lehrjahre, du verbesserst deine Technik und erwirbst dir Sicherheit im Auftreten. Laß dich nicht beirren, dann werden schon eines Tages die besseren Zeiten kommen.« Aber sind sie denn für ihn je gekommen?

»Mir scheint«, bemerkte Mutter darauf verdrossen, »nun habe ich zwei brotlose Künstler in der Familie. Wenn doch wenigstens ein richtiger Kaufmann dabei wäre! Eugenie ist zum Glück eine Frau, sie sollte sich nach einer anständigen Heirat umsehen, bevor es zu spät ist. Hoffentlich erlebe ich noch, daß etwas aus den Jungen wird!«

Das tapfere Fräulein John

»Was soll ich heute spielen?«

»Spiel irgend etwas – wonach dir gerade zumute ist, liebe Juno«, erwidert Mathilde träge. Also Phantasien, Variationen alter Melodien, von denen ich selbst nicht weiß, woher sie mir zufliegen. Wenigstens brauche ich dafür keine Noten, nicht die häßliche Stahlbrille aufzusetzen. Meine Finger gleiten über die Tasten, sie führen jetzt ein eigenes Leben. Die Melodien steigen und fallen, fließen um den Flügel und fliegen dann aus dem geöffneten Fenster in den spätsommerlichen Park hinaus, durch dessen Frühabenddämmern vielleicht ein fremder Wanderer zieht, ein einsamer Mann, der jetzt aufhorcht, unter den Arkaden im Rosengarten, der sich jetzt versonnen an die kleine Cupido-Statue lehnt und lauscht und wehmütig in die silbrige Fontäne des Springbrunnens blickt: Wider Willen muß er Gefühlen Raum geben, an die er nie mehr erinnert werden wollte, gestorbenen Hoffnungen, verwelkten Träumen. Und er fragt sich verwundert, wer da wohl spielen mag im Schloß, hinter den hohen Fenstern, aus deren einem es ihn mit sanften Klängen winkend ruft. Mit jedem Akkord, den ich anschlage, schiebt sich ein weiteres dünnes Traumgewebe zwischen mich und meine Wirklichkeit, umhüllt mich, entrückt mich, zieht mich fort aus diesem Salon, wo irgendwo hinter meinem Rücken die Fürstin lässig in den Polstern ruht.

»Juno!«

Der Ton ist gebieterisch und läßt mich abrupt innehalten, mich umwenden. »Du solltest doch noch einmal den neuen Gehörspezialisten aus Frankfurt konsultieren, den Franque uns empfiehlt.« Offenkundig hat sie schon länger mit mir geredet, ohne daß ich etwas hörte. »Ich sagte, wir wollen uns jetzt den Tee kommen lassen.«

»Wie Sie wünschen, Durchlaucht.« Und ich schließe, noch benebelt, den Flügel. Es ist nicht leicht, so rasch aus der Welt der Musik in diese zurückzukehren. Ich gehe zur Tür, um nach dem Mädchen zu läuten, das uns mit dem Tee aufwarten wird.

»Wenn wir allein sind, wollten wir uns gegenseitig ›du‹ sagen«, erinnert sie mich freundlich. »Komm, setz dich zu mir! Ich frage mich öfter«, dabei nimmt sie meine Hand und sieht mich forschend an, »ob du vielleicht nicht gut hörst, wenn du nicht hören *willst?*«

»Ich habe mich das auch schon gefragt«, erwidere ich wahrheitsgemäß und erröte. Mathildes Scharfblick, wenn es um das Seelenleben ihr nahestehender Personen geht, versetzt mich immer wieder in Erstaunen. Allerdings ist ihr Verständnis seelischer Vorgänge nicht ungetrübt, wenn sie selbst in ein Geschehen verwickelt ist: sie analysiert die Gesetze ihres eigenen Handelns, ihrer eigenen Stimmungen und Launen keineswegs ähnlich klar. »Wenn, dann geschieht es jedoch nicht absichtlich, im Gegenteil, meine Schwerhörigkeit ist mir äußerst unangenehm.«

»Das weiß ich doch, Kind«, versichert sie rasch – die Anrede ist ein Relikt aus früheren Tagen, da das »Kind« inzwischen die Dreißig hinter sich gelassen hat –, »ich meine damit nicht, daß du vorsätzlich weghörst, sondern daß irgend etwas in dir die Dinge einfach nicht an dich heranläßt. Vielleicht müßtest du nur herausfinden, warum du bestimmte Dinge – und welche – gar nicht genau wissen willst. Aber verzeih mir, ich sollte nicht wieder daran rühren.«

Wir trinken Tee. Immer, wenn sie zur Teestunde keine Gäste empfängt, spiele ich für Mathilde ein Viertelstündchen oder auch länger, je nachdem. »Es tut gut, dir zuzuhören. Ich kann mich dabei ganz fallen und in meine Gedanken hineingleiten lassen, während du spielst.« Sie hält noch meine Hand, mit geschlossenen Augen. »Deine Phantasien auf dem Klavier zaubern mir Bilder in den Sinn, manchmal sogar Wortgebilde, Zeilen zu einem neuen Gedicht.« Sie öffnet die Augen und sieht mich strahlend an. »Du hast noch nicht gelesen, was sie in der Stuttgarter Zeitung über meine ›Jadwiga‹ schreiben? Verleger Hallberger schickte heute ein Exemplar mit der Morgenpost. Lies! Lies es mir noch einmal laut vor! ›... weit hinausragend über den gegenwärtig leider so verbreiteten Dilettantismus...‹ Ist das nicht schmeichelhaft?«

»Phantastisch schmeichelhaft.«

»Ob mein Pseudonym noch sicher ist? Meinst du, der Schreiber des Artikels ahnt, wer sich hinter ›M. Dornheim‹ verbirgt? Ich meine, weil er einmal, hier unten, sagt: ›... der Verfasser, der die Gefühle seiner Geschöpfe wie mit zarter Frauenhand zeichnet...‹!«

»Gewiß vermutet er, daß hinter dem Pseudonym eine Frau steht, zumal das Geschehen in der Tat ganz aus der Sicht der Königstochter behandelt ist, was dem Stück sicher keinen Abbruch tut, im Gegenteil. Ich glaube nicht, daß er Durchlaucht erkennen kann – es sei denn, der Verleger hätte geplaudert.«

»Das wird er nicht wagen. Ich habe ihn furchtbar bedroht. Denk nur, wie Fürst Günther es gegen mich wenden würde, wenn er davon erführe! Was er wieder den Kindern über mich erzählen wird!« Doch außer der ehrlichen Besorgnis schwingt auch so etwas wie Triumph in ihrer Stimme mit. Sie sieht immer noch gut aus, Mathilde, die jetzt auf die Fünfzig zugeht. Etwas fülliger als früher, doch das ist ihrer Erscheinung nicht einmal abträglich. Trotzdem bezeichnet sie sich neuerdings gern bei jeder Gelegenheit als »alte Frau«, und ich spüre, mit welcher Verletztheit sie verzeichnet, daß männliche Besucher ihr inzwischen mehr mit respektvoller

Höflichkeit begegnen als mit Galanterie – letztere probieren sie zum Teil noch an mir aus, obwohl ich jenseits der Dreißig längst ein »spätes Mädchen« bin. Mathilde beobachtet das alles mit wachem Auge, und ihre gelegentlichen jähen scharfen Reaktionen irritieren den Gast, weil er den Grund nicht kennt.

Dabei freut sich Mathilde durchaus, wenn ich ihren Besuchern gefalle. Sie vererbt mir die Kleider, die sie nicht mehr trägt. Ich muß sie ihr vorführen, wenn sie für mich umgearbeitet sind; dann mustert sie mich kritisch, läßt mich vor ihrem Diwan auf und ab gehen und schlägt gelegentlich kleine Änderungen vor. Ich werde immer noch rot, wenn sie meine Figur kommentiert, denn sie hat eine sonderbare Art, Komplimente und Beleidigungen miteinander zu vermischen. »Das Grün steht dir nicht gut zu Gesicht, du bist zu blaß, aber deine großartige Taille kommt bei diesem Schnitt zur Geltung. Du solltest nicht so viel von deinen Schultern zeigen, sie sind nicht besonders schön – anders als meine –, aber wenn wir noch etwas Spitze in das Dekolleté einlegen, wird es ganz entzückend aussehen.«

Mathilde – ich kann nie aufhören, ihr dankbar zu sein. Ich habe ihr gegenüber mehr Dankesschuld, als ich selbst bei einer günstig verlaufenen Gesangskarriere je hätte abtragen können. Und nun erst, da ich mit leeren Händen, als Bettlerin und Frühinvalide, als gescheiterte Existenz wieder zu ihr zurückgekehrt bin und ihre wie meine eigenen Hoffnungen so sehr enttäuscht habe! Und doch bin ich sichtbar ihr Liebling, sie schätzt mich mehr als alle ihre anderen Damen, sie zieht mich öfter ins Vertrauen, will mich ständig um sich haben, bezeichnet mich gelegentlich vor anderen als ihre Freundin und behandelt mich manchmal auch so. Sie fragt mich um Rat und bespricht neuerdings sogar ihre Gedichte mit mir: meine literarische Kritik nimmt sie so ernst, daß sie nicht selten Wörter und ganze Zeilen ändert, die mir weniger gelungen erscheinen. Allerdings muß ich meine Einwände vorsichtig ausdrücken, und wenn ich nicht zugleich auch etwas Lobendes vermerke, kann sie sehr giftig werden. Diese Entwicklung unserer Beziehung hat bei einigen der adligen Hofdamen großen Verdruß ausgelöst; zwei ältere Gesellschafterinnen haben sich schon bald nach meiner Ankunft in Friedrichsruhe beurlauben lassen – sie haben die Fürstin »gebeten, sich ins Privatleben zurückziehen zu dürfen«, wie es so schön heißt. Mathilde ließ sich dadurch nicht beirren. Sie wußte, daß bloße Mißbilligung meiner Person der Grund war, und ist dem Wunsch vergnügt nachgekommen. »Zum Glück bin ich sie los, die beiden alten Langweilerinnen«, gestand sie mir.

»Ein seltsames Menschenkind, dieses Fräulein John«, bemerkte die eine noch säuerlich im Abgang zur anderen, nachdem sie sich zuvor überzeugt hatte, daß ich es mitbekam, mithören mußte. »Amüsiert sich hier bei der Fürstin, wo doch ihre arme Mutter erst ein paar Wochen unter der Erde ist und die Schwester zu Hause, wie es heißt, viel zu krank, um dem alten Vater den Haushalt zu führen.«

Da war sie wieder, die quälende Erinnerung an Mutters Beerdigung: Der Sarg, der auf dem Wagen so sehr schwankte, daß meine Gedanken während des ganzen Begräbniszuges vorwiegend mit der Sorge beschäftigt waren, er könnte herunterrutschen: Ich sah es vor mir, wie er mit dem Fuß- oder gar mit dem Kopfende auf dem leicht ansteigenden Waldweg aufschlug, und sonderbarerweise hörte ich dazu ganz deutlich Mutters gepreßte Stimme; Mutter, die sich, während wir sie zu ihrem Grab geleiteten, in ihrem gewohnten, leicht klagenden Ton vorwurfsvoll zu Worte meldete: »Gebt doch bitte ein bißchen acht! Diese Wackelei ist äußerst unschicklich!« Aber der Sarg glitt nicht vom Wagen, sondern gelangte sicher um all die Kurven des Friedhofswegs herum bis zu seinem Bestimmungsort, dem ausgehobenen Erdloch, das ihn verschluckte. Ich kann mich nicht erinnern, daß ich irgend etwas dabei empfand. Ob die beiden alten Langweilerinnen am Ende recht haben mit der Behauptung, daß ich herzlos, gefühlskalt sei? Vater war der einzige von uns, der laut weinte, wie eben erst von dem Ereignis ihres Todes überwältigt. Die Brüder standen eher verdutzt in ihren Sonntagsanzügen da, und Rosalie starrte wild und verrückt aus weiten Augen. Der Anfall, den sie am nächsten Tag hatte, war der schlimmste, den ich miterlebte.

Sobald Rosalie sich etwas erholt hatte, reiste ich nach Friedrichsruhe, um meine Stellung bei der Fürstin anzutreten, denn Mutters Krankheit hatte unsere letzten Ersparnisse aufgezehrt. Statt Schmerz und Trauer über den Verlust verspürte ich nur ein schlechtes Gewissen, das mich seit unseren gemeinsamen Reisen nicht mehr verlassen hat. Vielleicht *ist* sie für mich noch gar nicht gestorben, dachte ich. Wieder einmal reiste ich ins Fremde, Unbekannte und ließ Mutter blaß, mager, zu Hause zurück, und wie immer drückte mich das schuldhafte Bewußtsein, ihr irgend etwas nicht recht gemacht zu haben, ihr vielleicht insgesamt und ganz und gar nicht recht zu sein. Rosalie, deren egozentrische Art sich durch die Krankheit im Laufe der Jahre noch gesteigert hat, litt Mutter gegenüber nie unter solchen Hemmungen, und es wurmt mich auch jetzt noch, daß Rosalie sich nie Mühe geben mußte, um Mutter zu gefallen, sondern daß sie sich stets ganz selbstverständlich von ihr verwöhnen ließ.

Vielleicht habe ich meine Mutter nie recht verstanden – und jetzt ist es zu spät. Sicher hat sie kein leichtes Leben gehabt. Es ist nicht leicht, mit nur einem Dienstmädchen auszukommen, wenn man an fünf gewöhnt war, es ist nicht leicht, aus einem großzügigen vornehmen Haus in eine häßliche feuchtkalte Wohnung zu ziehen. Und es muß schwer sein, von der besseren Gesellschaft erst geschnitten und dann nach und nach vergessen zu werden. Aber mußte sie deswegen ein Mensch sein, der durch nichts glücklich zu machen war? Sie konnte sich nie bescheiden und an die veränderten, beengten Verhältnisse gewöhnen. Sie war uns Kindern stets eine pflichtbewußte und treusorgende Mutter, gewiß, aber bestimmt war sie meinem Vater keine verständnisvolle Gefährtin. Mit einem Mann, der sie verehrte, der ihr soviel Höflichkeit und Rücksichtnahme entgegenbrachte und dabei so leicht zufriedenzustellen ist wie er, der so wenig Komfort und äußere Unterstützung braucht, hätte es doch möglich sein müssen, sich ein ruhiges Tusculum abseits der eitlen Welt zu bauen und deren Vorstellungen stolz zu verachten!

Sich gewöhnen, sich bescheiden – sich zufriedengeben mit dem, was man hat.
»Es ist der falsche Ehrgeiz, der dich krank macht, liebe Juno«, sagt die Fürstin manchmal zu mir. »Sieh zu, daß du ihn besiegst, bevor er dein Leben zerstört.« Welches Leben? Das einer Gesellschafterin. Schon damals wollte sie aus mir eine Lehrerin oder Erzieherin machen, vielleicht in richtiger Einschätzung meiner Möglichkeiten – ihre Vorleserin bin ich geworden. »Zuviel Ehrgeiz ist sehr unschön an einer Frau.«

Äußerlich ist mein Leben angenehm und bequem, ein sattes träges Lebenseinerlei. Ich wache jetzt manchmal morgens mit steifen, schmerzenden Fingern auf, die es mir schwermachen, die Knöpfe und Haken meiner Kleider zu bändigen. Erst allmählich werden sie dann gefügiger. Das Wohlleben! meinte Mathildes Hausarzt, dem ich in der vergangenen Woche davon erzählte, und hob schäkernd den Zeigefinger. »Wir haben da ein ganz klein wenig die Gicht in den Fingern, Fräulein John, und sollten vielleicht dem Fleischgenuß etwas entsagen. Die Hände, wenn die Beschwerden wiederkehren, in warmes Wasser tauchen. Nur wenig Süßes essen! Auch das Likörchen weglassen.«

Das Wohlleben. Ich ziehe den Aufenthalt im Palais in der Münchener Schellingstraße dem Leben auf Schloß Friedrichsruhe, Mathildes väterlichem Wohnsitz, vor. Das Palais ist kleiner, wohnlicher, und unser Verkehr in der Stadt anregender. Aber am liebsten bin ich auf Reisen, unterwegs, genau wie Mathilde, die eine immer noch wachsende Unrast in sich verspürt und mehrmals im Jahr fort muß, in die Berge vor allem, um weit und frei atmen zu können. Dann reisen wir mit kleinstem Gefolge. Ohnehin hat Mathilde ihren Haushalt nach und nach verkleinert, teils um der Ersparnis willen, teils weil sie »keine Langweiler mehr um sich ertragen kann«.

Im Winter sind wir meist in München. Aufstehen – das Frühstück nehme ich allein zu mir –, Toilette machen, mich mit der Köchin, den Dienstboten besprechen, den Speisezettel aufstellen. Geben wir heute eine Soirée, empfangen wir zum Tee, oder gehen wir selbst aus? Dann Spazierfahrt mit Mathilde. Vorher Post öffnen und, während sie frühstückt, mit ihr besprechen. Briefe nach Diktat schreiben – die wichtigen –, und Briefe nach Ermessen beantworten – die langweiligen. Nachmittags, wenn Gäste da sind, Konversation machen – furchtbar viel überflüssiges Gerede mit überflüssigen Wichtigtuern beiderlei Geschlechts. Ab und an ist auch ein interessanter Gast darunter. Wenn wir allein sind: vorlesen, Klavier spielen, Mathilde unterhalten.

»Wie ich höre, hast auch du mit literarischen Versuchen begonnen?« erkundigt sich Mathilde plötzlich, langgestreckt auf ihrer Chaiselongue, und noch eben, wie es schien, ganz in einen Roman vertieft. In ihrer Stimme schwingt etwas mit, das ich schwer einordnen kann – vielleicht, weil sie gleichgültig erscheinen will, obwohl ihre angespannte Neugier unüberhörbar ist. Wer mag ihr davon erzählt haben, wer kann es wissen, da ich doch nur spätabends und frühmorgens in meinem Zimmer darüber sitze?

»Ja.«

»Und darf man wissen, worum es sich handelt?«

Ihr Wunsch ist mir Befehl, Madame Fürstliche Durchlaucht. Wie sie jetzt lauernd hinter ihrem Buch hervorsieht, das sie immer noch, mit aufgestütztem Ellbogen, in Augennähe in der Hand hält, als wollte sie sogleich weiterlesen. Sie könnte ebensogut sagen: Leg mir sofort den Inhalt dar! Oder drohend: Gib mir das Geschreibsel unverzüglich zu lesen!

»Ist es Lyrik oder Prosa?« fragt sie statt dessen sanft.

»Prosa. Eine kleine Novelle, die nicht mehr als dreißig, vierzig Seiten stark werden soll, ein allererster Versuch.«

Mathilde ist sichtlich erleichtert. Wenigstens kein Einbruch in ihr Genre! Vielleicht wäre es klüger gewesen, zu leugnen und das Ganze als eine Art Tagebuch abzutun. Nur ein wenig Tagebuch, Gedanken, Gefühle, Natur und Wetter und wer so alles bei uns ein und aus geht und wie wir uns unterhalten – das ist es, was ich abends zu meinem Amüsement festhalte. Doch allzu lautstark habe ich vor einigen Jahren das Tagebuchschreiben als eine von mir ein für allemal überwundene Krankheit bezeichnet. Von 1854 bis 1856 schrieb ich noch fast täglich in mein »Herbarium«, was mir rings um mich her bemerkenswert erschien, in diesen ersten schweren Jahren, als das Leben bei Mathilde noch neu und aufregend für mich war. Als ich meine Existenz als Gesellschafterin noch als etwas Vorübergehendes ansehen konnte, als Lehrzeit, Besinnungspause, erzwungene Meditation – bis mir meine Stimme wiedergegeben würde.

»Eine Novelle also! Und die Handlung? Oder soll sie ein Geheimnis bleiben?«

»Oh, ich bitte darum! Es würde mir alles verderben, wenn ich jetzt schon erzählen müßte, da mir selber erst verschwommen klar ist, worauf es hinaus will.«

Mathilde zuckt die Achseln und lacht. »Na, ja, ich will dir dein kostbares Geheimnis nicht entreißen. Laß mich bei Gelegenheit wissen, wie du vorankommst. Und vielleicht magst du sie ja vorlesen, wenn du fertig bist.«

Wieder diese gekünstelte Beiläufigkeit, doch vorerst gibt sie sich zufrieden, wendet sich gähnend wieder ihrer Lektüre zu. Sie verbringt halbe und ganze Tage im Bett, das Bett ist ihre eigentliche Residenz: Bett, Sofa, Diwan oder Chaiselongue, im Negligé, Morgenmantel oder angekleidet – wenn sie nicht empfängt, verbringt sie die meiste Zeit liegend. So nimmt sie die Mahlzeiten zu sich, in dieser Haltung arbeitet sie sogar: diktiert mir Briefe und selbst Bruchstücke für Gedichte.

»Schulmeisters Marie«: ein schlichter, solider Titel für eine Erzählung aus dem dörflichen Milieu, hinter dem sich ein herzbewegendes menschliches Drama abspielen soll. Marie, die älteste Tochter eines verstorbenen Dorfschullehrers, ist wegen ihrer ungewöhnlichen Bildung und ihres zurückhaltenden, vornehmen Wesens eine Außenseiterin im Dorf. *»Das arme Mädchen! ... Sie ist überhaupt zu beklagen, weil sie viel zu fein erzogen ist für ihre Verhältnisse. Ihr Vater hat sich viel mit ihr beschäftigt, denn sie ist gescheit und gelehrig in allem – er hat sie zart behandelt wie seine Blumen; es war ein Fehler, denn er mußte den Boden berücksichtigen, auf den diese Blume angewiesen ist.«*[9] Die Feinde der Familie verbreiten im Dorf das Gerücht, daß das Pflegekind, von Maries Mutter ins Haus genommen, Maries uneheliches Kind sei. Außerdem beschuldigen sie die Mutter, dem Pfarrer eine größere Summe Geldes gestohlen zu haben – nur weil die Frau arm ist und am fraglichen Tag im Hause des Pfarrers war! Die Mutter ist dafür sogar ins Gefängnis gekommen und nur aus Mangel an Beweisen wieder frei. Das Gerede haftet aber weiterhin an ihr und ihren in bitterster Not lebenden Kindern. *»Die Unglückliche litt unsagbar unter dem*

Druck der Schande, der auf ihrem Ruf lastete, und es gab kein linderndes Mittel gegen dies schwere Leiden. Man nennt ein reines Bewußtsein die beste Stütze in der Trübsal; aber seine tröstende Kraft reicht nicht immer aus...« Oh, das ist gut! *»...reicht nicht immer aus gegen den bitteren Schmerz unverschuldeten Elends und die Giftpfeile der Verleumdung, unter denen das Herz zuckt und blutet, wenn es auch noch so rein von Schuld ist.«*[9] Jetzt wird sich Josef, ein reicher Bauernsohn, in die Marie verlieben, aber sie soll lange Zeit glauben, er meinte gar nicht sie, sondern die ebenfalls reiche Schulzentochter aus ihrem Dorf. Dann stellt sich heraus, daß er Marie sogar trotz ihres Makels heiraten will, der doppelt auf ihrer Ehre liegt, aber obwohl sie ihn ebenfalls liebt, ringt sie sich mit übermenschlicher Kraft aus Stolz zu einem Verzicht durch. Da entdeckt sie durch Zufall den wahren Dieb... Ja, so muß es sein, eine ganz einfache, menschlich anrührende Liebesgeschichte. Ich muß Maries Einsamkeit herausstellen, ihr Leiden unter der Demütigung der Mutter, ihren Stolz, ihre moralische Kraft und Willensstärke.

»Das tapfere Fräulein John«, hörte ich vorhin die Köchin zu einer anderen Frau sagen. »Durchlaucht hat nämlich ihre Launen. Doch das tapfere Fräulein John ist so beherrscht und willensstark: niemals läßt sie sich gehen.« – »Nun, aber hat sie nicht auch schon einen kleinen Stich ins Altjüngferliche?« meinte die andere daraufhin, die ich im Vorbeigehen hinter der Tür nicht sehen kann.

Das tapfere Fräulein John. Freilich hat sie einen Stich ins Altjüngferliche. Ich gehe in mein Zimmer hinauf. Ich will mit mir und meiner Novelle allein sein. Mein Zimmer unter dem Dach ist klein, aber durchaus behaglich eingerichtet, mein Refugium. Ich gehe langsam den Flur entlang, alle Gegenstände stehen dort stumm und steif, und der blitzblank polierte Spiegel wirft mir in der Tat ein bitteres Gesicht zurück: Was hat man dir, du armes Kind, getan?

Kann man denn etwas verlieren, das man nie besessen hat?

Ludwig von Karwitz, ein entfernter Verwandter Mathildes, Cousin soundsovielten Grades, ist auf der Durchreise in München. Er ist unterwegs nach Italien, um von dort aus, wie es heißt, zu einer weiteren Reise aufzubrechen, womöglich zu einer Weltreise. Zu Hause hält ihn nichts mehr, seit seine Frau vor zwei Jahren starb. Die achtjährige Tochter ist bei der Gouvernante gut aufgehoben. Die Ehe soll, so sagt Mathilde, nicht sonderlich glücklich gewesen sein.

Doch inzwischen macht er schon eine Woche in München Station und besucht uns fast täglich. Er fällt nicht unter die Langweiler, sondern ist wortgewandt, belesen und weiß temperamentvoll zu argumentieren – ein würdiger Widerpart für Mathilde, deren kämpferischer Geist in der Diskussion mit ihm auflebt.

»Es war eine tiefe, klangreiche Männerstimme, welche sich dann und wann in heftiger Erregung steigerte, nie aber, selbst im höchsten Affekt, eine Spur von Schärfe annahm. Obgleich sie kein Wort verstehen konnte, so bebte sie doch schon bei dem Klang der Stimme...«[10]

»Und Sie sind also das Fräulein Gesellschafterin? Mathilde hält ja die allergrößten Stücke auf Sie«, sagt er bei unserer ersten Begegnung spöttisch, als sei Mathildes Urteil in dieser Hinsicht nicht besonders zu trauen. Das ist spürbarer Herrschaftsdünkel mir gegenüber, vielleicht auch eine allgemeine Geringschätzung von Frauen. Ich antworte ihm kurz, gesucht förmlich und kühl, und beachte ihn während seiner Visite kaum, nehme mir eine Handarbeit und setze mich abseits, während sie reden.

»Er konnte so glänzend Konversation machen; für ihn gab es keine Klippe, keine Kluft in der Gesellschaft – er schlug über alles die leichte Brücke des geißelnden Spotts, des funkelnden Witzes...« [11]

Er ist nicht mehr jung, aber auch noch nicht alt. Nicht eigentlich schön, aber bereits auf den ersten Blick interessant, gelassen, selbstbewußt.

»Gib acht«, sagt Mathilde lachend, als er gegangen ist, »er bemüht sich gewaltig, Eindruck auf dich zu machen.«

»Davon habe ich nichts bemerkt; mir schien eher, daß er mich beleidigen wollte.«

»Ach, Juno, du Seelchen, kennst du dich wirklich so schlecht aus mit den Männern!« ruft Mathilde. »Also: er ist ein Salonlöwe, hiermit bist du gewarnt. Immerhin bin ich froh über seinen Aufenthalt in München! Etwas Abwechslung in unserer trostlosen Gesellschaft.«

Am nächsten Tag sehe ich ihn vom Fenster aus wieder vorfahren, als Mathilde noch schläft. »Richte dem Herrn aus, daß Durchlaucht vormittags nicht empfangen«, sage ich dem Mädchen.

»Ach, sie war ja sogar so kindisch gewesen, sich einzubilden, er schaue öfter und bedeutungsvoll nach ihrem Fenster..., er, der schönste und reichste Bursch der ganzen Gegend, nach ihr, der armen Lehrerstochter, die mühsam den Unterhalt für sich und die Ihrigen mit der Nadel erwarb...« [12]

Lisette kommt wieder angelaufen; der Wagen steht noch wartend vor dem Tor. »Der Herr läßt bestellen, er nehme ebenso gern mit Ihrer Gesellschaft vorlieb.«

»Die Empfindung vernichtender Scham kam mit aller Wucht über sie. Die Blutwellen ergossen sich verräterisch und unaufhaltsam über ihre Wangen – sie war verloren den dunkeln, durchdringenden Augen gegenüber, wenn sie nicht floh...« [13]

»So schick ihn schon fort, Lisette! Er sollte selber wissen, was sich gehört.«

»Daß Karwitz heute nicht kommt!« wundert sich Mathilde schon während ihres Frühstücks, und als ich ihr von seinem vergeblichen Vormittagsbesuch berichte, schilt sie mich: »Du kannst ihn ruhig das nächste Mal unterhalten, bis ich aufgestanden bin.«

»Ihre Freundin, liebe Mathilde, nimmt es ja sehr genau mit den gesellschaftlichen Formen. Wer hätte das gedacht, bei einer so selbstbewußten, modernen jungen Frau«, mokiert sich Herr von Karwitz nachmittags beim Tee in meinem Beisein. »Selbstbewußt und selbständig ist die Juno bestimmt, doch ermuntere sie bitte nicht weiter in dieser Richtung, sonst wird sie mir noch ein Blaustrumpf!«

»›Hu, ein Blaustrumpf in salopper Toilette, mit ungeordnetem Haar!‹ rief Mainau, in ihr Spottgelächter einstimmend. ›Hoheit, diese Antipathie wurzelt unausrottbar in meiner Seele – ich bilde mir aber plötzlich ein, es könnte Frauengeister geben, die... gleich den Männern... bei klarem Blick den unüberwindlichen Trieb haben, selbständig, ohne das Gängelband der Tradition zu denken und den Erscheinungen und Dingen auf unserem Planeten bis auf den Grund zu folgen...‹«[14]

»Ich schätze eine gewisse Eigenständigkeit der Frau«, erklärt mir Herr von Karwitz, als sich Mathilde mit einem anderen Gast in die Fensternische zurückgezogen hat. »Sie sollte sich stets davor hüten, nur ein Geschöpf des Mannes zu sein. Wie könnten wir Frauen wirklich lieben, die uns nur kopieren.«

»Und doch scheinen Sie es einigermaßen verächtlich zu finden, wenn Frauen sich ihren Lebensunterhalt selbst verdienen«, erwidere ich rasch, errötend.

»Oh, nein, da irren Sie sich beträchtlich, ganz im Gegenteil. Und wenn Sie es denn wissen wollen: Ich verhehle nicht meine Bewunderung für Ihren Lebensweg, wie Mathilde ihn mir geschildert hat. Sie hatten es bisher gewiß nicht leicht; ich bewundere die Tapferkeit, mit der Sie die Schicksalsschläge ertragen haben, und nun sind Sie hier und arbeiten nicht nur für sich selbst, sondern auch für Ihren Vater und die Ausbildung Ihrer Brüder. Auch ich habe Schweres durchmachen müssen und weiß, was das bedeutet – obwohl Sie mich für einen adligen Nichtstuer halten.«

»…der kapriziöse Salonheld mit dem rücksichtslosen Spottpfeile auf den Lippen und der gemachten Blasiertheit in jeder Bewegung war abgefallen von dem einsamen Manne…« [15]

»Sie sind weiß Gott eine tüchtige Frau, die die Not gelehrt hat, auf eigenen Füßen zu stehen – anders als die behüteten Porzellanpuppen der sogenannten besseren Gesellschaft, die ich nur verachte.«

»Ich hatte keine hohe Meinung von den Frauen… Da geschah es eines Morgens, daß ein zartes Wesen vor mir stand, an Gestalt ein elfenartiges Kind, sah es mich doch mit Augen an, aus denen der ganze herbe Trotz der Jungfrau, die Funken eines rasch denkenden, beweglichen Geistes sprühten.« [16]

Ich gab ihm meine Novelle »Schulmeisters Marie« zu lesen, die ich kürzlich abgeschlossen hatte, mit der Bitte, mich seine wahre Meinung darüber wissen zu lassen. Er versteht etwas von Literatur, seine Kritik könnte mir nützlich sein. Doch jetzt schäme ich mich und bin halb verrückt vor ängstlicher Erwartung. Wenn sie ihm nicht gefällt, wenn er sie albern findet!

»Ja, dahin war sie gekommen! Vor wenigen Monaten noch… hatte sie jede Fessel verlacht, und heute herrschte in dem armseligen bißchen Gehirn ein einziger Gedanke, und ihre arme Seele wand sich kläglich hilflos am Boden… Aber mußte denn die Welt um die Wunden wissen, die ihr in Kopf und

Herzen brannten? ... Sie mußte lernen, ruhig in ein paar
Augen zu blicken, welche die größte Macht über sie hat-
ten...« [17]
Doch er sieht mich bewundernd an, als er mir das Manuskript schon am nächsten Tag zurückgibt. Er habe es ohne
abzusetzen gelesen.
»Sie konnte diesen Blick nicht ertragen. Er zog alles, was sie
gewaltsam in sich niederkämpfen wollte, unwiderstehlich ans
Tageslicht...« [18]
Mathilde ist zum Glück ausgefahren, um Besorgungen zu
machen, und noch nicht zurückgekehrt – vielleicht hat er
diese günstige Gelegenheit, mir meine Geschichte zurückzu-
geben, eigens abgepaßt. »Diese Stimme«, sagt er, »diese wun-
derbare Singstimme, die Sie haben – und nun können Sie
auch noch schreiben. Sie sind wirklich eine begabte Frau!«
»Und Sie meinen im Ernst, daß diese kleine Arbeit bestehen
kann?« frage ich noch einmal, verlegen und glücklich.
»Ganz gewiß. Ihnen kann ich es ja verraten: Ich beneide euch
Künstler. Ihr habt ein reicheres Leben als andere Menschen.
Mein größter Traum ist es lange Zeit gewesen, Maler zu werden. Ich habe mich auch hier und da ein wenig versucht, aber
bei mir war alles nur Kinderei, während Sie wirklich
Talent haben.«
»Er schwieg. Es durchschauerte Felicitas seltsam, hier in stil-
ler Mitternachtsstunde in das Geheimnis eines streng ver-
schlossenen Männerherzens blicken zu können, das in scheuer
Hast, fast widerwillig und mit bebenden Lippen ausgespro-
chen wurde.« [19]
»Oh, Sie dürfen nicht aufgeben, Sie müssen weitermachen!
Mein Vater ist auch Maler, und er arbeitet unverdrossen, seit
Jahrzehnten, obwohl ihm wenig Anerkennung zuteil wird.
Würden Sie mir die eine oder andere Ihrer Arbeiten zeigen?«
»Es lohnt nicht«, erwidert er kurz, denn in diesem Augen-
blick betritt Mathilde den Raum.

»Sie wieder hier? Welches Vergnügen, lieber Karwitz!« Ihre Begrüßung klingt ironisch.

»Ich kam, um die Damen zu fragen, ob Sie mich vielleicht heute abend ins Theater begleiten möchten«, erklärt er mit einer leichten Verbeugung.

Später dann, auf dem Weg zum Theater, sitzt er im Wagen neben mir und Mathilde gegenüber und beachtet mich kaum. Ich habe mich besonders hübsch angezogen, lange Zeit auf mein Haar verwandt, so daß ich schon spitze Bemerkungen der Fürstin fürchtete, und er scheint es nicht einmal zu sehen. Er wendet sich im Gespräch ausschließlich an Mathilde, sie witzeln hin und her, über Verwandte, Bekannte, ein leeres, leicht boshaftes Geschwätz.

»Nun war er plötzlich beleidigend zerstreut ihr gegenüber und vernachlässigte sie auf eine unerhörte Weise. Sie litt namenlos, ihr ganzes Innere empörte sich, die gekränkte weibliche Würde, ein nie gekannter heftiger Zorn und ihre unsägliche Liebe rangen miteinander...«[20]

»Und übermorgen wollen Sie also wirklich dem kalten München den Rücken wenden und weiterziehen nach Italien?« höre ich Mathilde plötzlich sagen, als wir das Foyer zur Garderobe hin durchqueren. Er fährt ab und hat mir nichts davon erzählt!

»Tief aufseufzend ging sie nach dem Ankleidezimmer zurück – warum weinte sie? Sie schämte sich dieser Tränen. Gibt es auf Gottes weiter Erde etwas Inkonsequenteres, Rätselvolleres als das Frauenherz? Drohte es nicht in diesem Augenblick zu brechen in stummer Qual?... Welcher Triumph für diesen dämonischen Charakter! Ihm widerstand also wirklich kein Weib... selbst sie warf die Waffen des Stolzes, der mädchenhaften Würde von sich, um ihm zuzurufen: ›Ich werde dich nie vergessen.‹ Nein – Gott sei Dank, er war fort. Er sah diesen Sieg nicht – er erfuhr ihn nie.«[21]

»Ja, Freitag reise ich unwiderruflich weiter in sonnigere Gefilde«, erwidert Herr von Karwitz gutgelaunt. »Aber wenn Sie erlauben, würde ich gern morgen noch einmal in der Schellingstraße vorbeikommen, um Fräulein John ein paar meiner kleinen Skizzen zu zeigen, für die sie sich interessiert, und natürlich auch, um von Ihnen, liebe Cousine, angemessen Abschied zu nehmen.« Sie runzelt die Stirn, antwortet ihm unfreundlicher als gewöhnlich.

Ob sie eifersüchtig ist? Aber das wäre lächerlich...

Am folgenden Tag wird er gegen Mittag gemeldet. Ich fliege in den Salon, schon als ich ihn auf der Straße kommen sehe, um einen Vorsprung vor Mathilde zu haben, die sich noch ankleiden läßt. Wir blättern in seinen Bildern, Aquarellen, seinen Bleistift- und Kohlezeichnungen. Ich bin so aufgeregt, daß mir nur wenig dazu einfällt – Vater würden sie kaum gefallen, so viel ist sicher. Landschaften, hier und da eine Aktzeichnung, nackte Frauenkörper, die er rasch, zerstreut, überblättert.

»Sagen Sie, Fräulein John, –«

»Ja?«

»Er machte eine Bewegung, als wolle er ihre Hand ergreifen, aber sein Arm sank sogleich wieder herab.«[22]

»Sie sind doch eine Frau, die versteht, wie wichtig finanzielle Unabhängigkeit ist? Sie könnten nicht von Almosen leben und üben deswegen einen Beruf aus.«

»Ich bin froh, daß ich meiner Familie nicht zur Last fallen muß, sondern mir selber mein Brot verdienen kann.«

»Ich werde kein anderes Brot essen als das meines Eheherrn, und nur die Kleider tragen, die er mir gibt. Dafür will ich die fürsorgende Hausfrau des Schillingshofes sein... Aber freilich, ich will auch höher hinaus, Arnold. Ich möchte auch die Künstlerfrau sein, mit der du über deine Ideen und Entwürfe sprichst... Weiter kam sie nicht. Mit einem wahren

Aufjauchzen zog er sie... an sich und verschloß ihr den Mund.«[23]

»Aber Sie sind nicht prinzipiell gegen die Ehe?«

»*›Ich gehe mit Ihnen, wohin Sie wollen‹, flüsterte sie, während die heißen, zuckenden Lippen, die sie schon einmal auf der Hand gefühlt hatte, die leuchtende Mädchenstirn berührten. ›Ich gehe mit Ihnen auch dahin, wo Sie mit den Tigern kämpfen.‹«*[24]

»Nein«, sage ich leise, »durchaus nicht.«

»*Alles, was ihr Herz in der liebeleeren Einsamkeit an reiner Glut, an zärtlicher Innigkeit in sich aufgespeichert hatte, gab sie ihm hin...«*[25]

Da steht Mathilde wieder im falschen Augenblick auf der Schwelle und mustert uns kritisch.

»Sie wollten noch einmal mit mir ausfahren, Karwitz. Hier bin ich. Lassen Sie uns nicht länger warten, der Himmel zieht sich zu. – Wir haben noch ein paar Familienangelegenheiten zu besprechen«, erklärt sie mir rasch, bevor mir überhaupt zu Bewußtsein gekommen ist, daß ich nicht zur Begleitung aufgefordert worden bin. Er nickt mir grüßend zu: »Bis nachher!«

Ein Leben lang warten wir auf den, der all die frühen Wunden heilt, die uralten Kränkungen wiedergutmacht, warten oftmals, ohne überhaupt zu wissen, daß wir warten und worauf, und plötzlich finden wir ihn, und es ist kein Traum! Da ist er! Der Mann, der dich ohne viel Worte versteht, der dich in deinem Innersten kennt, weiß, wer du bist und sein möchtest und warum es dir nicht gelingt. Er ist nicht eigentlich schön, aber wir Frauen fragen nicht viel nach Schönheit beim anderen Geschlecht; wir lieben die Männer, von denen wir uns erkannt fühlen, deren forschender Blick geradewegs in unsere Seele dringt. Er hat mich so wunderbar angesehen: »Bis nachher!«

»Wer mir noch vor einem halben Jahr gesagt hätte, daß ein Frauencharakter mich bezwingen würde!«[26]

Er hat also die Bitte geäußert, noch einmal mit Mathilde zu sprechen. Die Spazierfahrt durch den Englischen Garten geschieht auf seinen Wunsch. Er wird sie fragen... Und sie kann nicht anders, als ihm zu antworten...

»Leser – man sagt, die Liebe sei blind; allein in den meisten Fällen schließt sie freiwillig die Augen, denn sie weiß, daß sie an der Erkenntnis sterben müßte, und gegen die Vernichtung kämpft sie verzweifelter noch als das Leben.«[27]

Mathilde kehrt allein zurück, in denkbar unerfreulicher Stimmung. »Karwitz ist fort, er läßt dich noch einmal herzlich grüßen.«

Ich starre sie an: »Fort?«

»Abgereist. Mein Gott, schau mich nicht so an. Es war doch abzusehen. Bist du etwa auf ihn hereingefallen, trotz meiner Warnung? Er hat dir doch hoffentlich nicht die Ehe versprochen? Wenigstens hast du noch nicht mit ihm geschlafen. Als Geliebte kommst du nicht gut in Frage, weniger deines Alters als deiner Grundsätze wegen, und heiraten wird er nur eine Frau, die sein Gut Karwitz schuldenfrei macht.«

»Wer sie nicht kennt, jene qualvollen Stunden, die auf eine ungeahnte, plötzlich wie aus der Luft herniederstürzende, zermalmende Nachricht folgen, jene Stunden, in denen der Mensch seinen Schmerz in die Welt hinausschreien möchte; ...wem sie erspart wurden, jene Qualen, die plötzlich ein harmonisches und geordnetes Gemüts- und Gedankenleben aus den Fugen zu reißen vermögen: der wird freilich nicht begreifen, daß Helene auf dem Fußteppich zusammensank und verzweiflungsvoll in ihren Locken wühlte, während ihre kleine, gebrechliche Gestalt wie im Fieber hin und her geschüttelt wurde...«[28]

»Schau mich nicht so an, Juno. Sei bitte nicht albern! Du hast gedacht, er ist reich, weil er zwei schöne Güter besitzt, ausgedehnte Ländereien, ziemlich viel Wald und irgendwelche Fabrikanteile? Aber der gesamte Grundbesitz ist verschuldet. Das großväterliche Vermögen war schon in den Händen seines Vaters geschrumpft, und er hat nicht viel mehr zu seiner Wiederherstellung getan, als in erster Ehe eine reiche Frau zu heiraten, von deren Mitgift inzwischen allerdings auch nichts mehr übrig sein dürfte. Ich habe gleich kein gutes Gefühl gehabt, als ich bemerkte, wie du ihn anhimmeltest. Doch ich habe dich für lebensklüger, für weniger kindisch gehalten.«

»Nach einem mühevollen Kampf, nach harten Schicksalsschlägen entsteht eine dumpfe Schwüle im Gemüt, die uns eine Zeitlang gänzlich unfähig macht, die Größe der Prüfungen, die über uns verhängt sind, zu ermessen. Das ist eine weise Einrichtung der Vorsehung; ohne diesen wohltätigen Schleier müßte uns der grelle Blitz, der oft in unser tiefstes Leben eingreift, zermalmen. Schrecklich genug bleibt ja ohnehin immer der Augenblick, wo die verhüllenden Wolken zerreißen, wo unser Blick wieder freier wird, und wir erschüttert sehen, was wir fortan ertragen und entbehren sollen.«[29]

»Was er auf der Spazierfahrt mit mir besprechen wollte? Erstens: ob ich ihm eine größere Summe Geldes leihen könne – was ich natürlich nicht kann. Und zweitens: wieviel Mitgift meine Gesellschafterin, die ich zugleich meine liebste Freundin nenne, mir wert sei? Sein Interesse an dir war nicht vorgetäuscht, er schätzt dich wirklich, Juno, aber er hat mich für vermögender gehalten, als ich bin. Offensichtlich kennt er die finanziellen Abmachungen nicht näher, die Fürst Günther und ich bei der Scheidung unserer Ehe getroffen haben, und auch über den Umfang meines väterlichen Erbes täuscht er sich. Meine Mittel reichen aus, dir ein halbwegs anständiges Gehalt zu zahlen, aber sie sind beim besten Willen nicht bedeutend genug, um dich für einen Ludwig von Karwitz zu einer Partie zu machen.«

»Verloren«, flüsterte sie, »verloren für immer! Aber kann man denn etwas verlieren, das man nie besessen hat?«[30]

Der schwarze Tunnel, das Nebeltal

Warum schreie ich nicht und falle ohnmächtig vor Mathilde zu Boden, in die schützenden Arme einer schweren Krankheit, mit der sich mein Körper in Abwesenheit von Verstand und Seele monatelang herumplagt, bis er die Krisis vielleicht überwindet und die Rekonvaleszenz mich allmählich in das eingeschränkte Dasein einer müden alten Frau hinüberträgt, die sich nichts mehr vom Leben erhofft.

Doch nichts dergleichen geschieht. In Wirklichkeit geschieht gar nichts. Ich nehme die sehr vernünftigen Ausführungen Mathildes zur Kenntnis und sage nur: »Oh!« Und dann irgend etwas Lahmes: »Ich habe nie ernsthaft mit einem Antrag von Herrn von Karwitz gerechnet.« So oder ähnlich. Und wende mich ab und gehe fort wie eine Schlafwandlerin, zur Salontür hinaus, den Flur entlang, die Treppen hinauf und in mein Zimmer, wo ich seinen gesammelten kleinen Sätzen nachschmecke, all diesen kostbaren Sätzen, die er mir gesagt hat und die nichts bedeuten sollen, und dazwischen tönt Mathildes kühler klarer Kommentar. Ich liege auf dem Bett, bewegungslos, und nach einer Weile verwirren sich seine Sätze, die ich doch allesamt auswendig kenne, und ich bemühe mich krampfhaft, mich an seinen Gesichtsausdruck zu erinnern, wie er: »Bis nachher!« rief und winkte.

Ich stelle mir vor, wie ich mich erhebe, meinen Mantel umlege und durch die Straßen geradewegs zum Englischen Garten gehe, nicht zu schnell, nicht zu langsam, ein hölzernes Spielzeug mit mechanischen Bewegungen. Wie ich dann an der Isar entlanglaufe und ihre tiefsten und reißendsten Stellen suche. Und während ich regungslos auf meinem Bett liege, ohne auch nur ein Glied zum Aufstehen bewegt zu haben, fühle ich schon das eisigkalte Gebirgswasser in meinen Unterkleidern und die Strömung des Flusses, die an mir zerrt, als ich zur Mitte wate. Sonderbarerweise ist dies die stärkste und lebendigste Empfindung: die Kälte, die Nässe und mein Schwanken unter der Wucht der Wassermassen, die mich gleich umreißen werden. Dazwischen von Karwitz, der: Bis nachher! ruft und winkt und mich dabei verheißungsvoll ansieht, als ob er mich und nur mich meinte. Und Mathildes Stimme: Reicht nicht aus, dich für ihn zu einer attraktiven Partie zu machen. Und wieder er: Sie sind eine tüchtige Frau, ich bewundere Sie, ich beneide euch Künstler. Und wieder Mathilde: Seine Sympathie war nicht vorgetäuscht, er schätzt dich wirklich...

Die Sätze in meinem Kopf werden immer flacher und zerfasern. Wirklich ist nur das Rauschen der Isar. Doch als Mathilde nach einer Stunde zum Tee bitten läßt, sehe ich keine Notwendigkeit, mich unpäßlich zu erklären und zu entschuldigen, sondern bringe meine Frisur in Ordnung, die das Rauschen in meinem Kopf lockig umgibt, und begebe mich wieder hinunter.

Mathilde wirft mir prüfende Blicke zu, aber den anderen Damen und Herren – wir haben heute Gesellschaft – scheint nichts Ungewöhnliches aufzufallen. Ich komme meinen Pflichten nach, bediene die Teemaschine, schenke ein und händige ringsum die zierlichen Tassen aus. Meine Schwerhörigkeit, die wie allseits bekannt unberechenbar kommt und geht, ist Erklärung genug, wenn ich auf Ansprache nicht gleich reagiere.

Tagelang weicht die Benommenheit nicht. Es ist nicht das erhoffte schwere Leiden, sondern nur ein bißchen Kopfweh hier, ein bißchen Magendrücken da, ein bißchen Gliederschwere. Ich bleibe morgens etwas länger im Bett und ziehe mich abends etwas eher zurück. Ich erledige meine Arbeiten gleichmäßig, nur ein bißchen abwesend, ohne daß ich recht weiß, wo meine Gedanken sind. Sie sind nirgends. Auch das Bild von der Isar hat seine magische Anziehungskraft verloren. Mathilde ist erleichtert und erstaunt zugleich, daß ich so wenig Schmerz zeige: »Ich bin froh, daß dir die Geschichte nicht allzusehr nachhängt. Wir wollen den Salonlöwen nie mehr erwähnen.«

Gleich höre ich in meinem Kopf Herrn von Karwitz sagen: »Sie sind eine glückliche Frau! Ich beneide Sie um die unschätzbare Fähigkeit, Niederlagen hinzunehmen und für sich zu verarbeiten.«

Ich schreibe keinen persönlichen Brief und kein Wort Tagebuch mehr.

»Laß uns wieder mal verreisen«, drängt Mathilde. »Laß uns München verlassen und in irgendein Bergdorf, ein gottverlassenes Nest mitten im Schnee fahren. Ein kleines Hotel, fernab von allem.« Mir soll es nur recht sein.

Da meldet Bodenstedt seinen Besuch an. Zum ersten Mal seit Ludwig von Karwitz' verräterischer Abreise flattert mein Herz in der Brust, versagt meine Stimme vor Aufregung. Doch als ich Bodenstedts Gesicht sehe, die feierlich-betrübte Miene, die er mir zuwendet, als er den Raum betritt, weiß ich: Es ist alles aus. Der letzte Lichtfunken erloschen.

Sie haben ihm »Schulmeisters Marie« zurückgeschickt. Dorfmilieu sei passé, erklärt er mir verlegen, nachdem er das Manuskript eilig auf einem Tischchen abgelegt hat. Die Novelle lehne sich zu sehr an Auerbachs Dorfgeschichten an, daher habe sein Bekannter, Herausgeber der Romanzeitung, sich nicht mit ihr anfreunden können. Ich brauche ihn nicht zu fragen, ob er sich noch einmal irgendwo anders für sie und mich verwenden könne. Die Hast, mit der er sie zurückgibt, nimmt die Antwort vorweg. Er will seinen literarischen Ruf nicht weiter strapazieren, indem er eine Auerbach-Epigonin empfiehlt – zumal ihm die mangelnde Originalität des Textes zuvor peinlicherweise gar nicht aufgefallen war. Mir gegenüber hat er »Schulmeisters Marie« nur gelobt.

Mathilde steht mit gekreuzten Armen in der Fensternische und betrachtet das Schauspiel meiner Niederlage.

»Es tut mir so leid für dich, Kind!« ruft sie, sobald Bodenstedt sich empfohlen hat. »Aber tröste dich damit, daß es mir um nichts besser geht: schon seit einem Jahr habe ich kein Gedicht veröffentlicht.«

So zerfällt alles, was Ludwig von Karwitz berührt hat, zu Staub, und mich verschluckt der schwarze Tunnel. Vielleicht hätte ich jetzt endlich die gnädige Krankheit ausbrüten können. Aber Mathilde kommt mir zuvor. Der Fürst hat abermals ihre Apanage eigenmächtig gekürzt, unter fadenscheinigsten Begründungen, und hält überdies Kinder und Enkelkinder mit allen Mitteln von ihr fern. Und in dem Augenblick, in dem mein Überlebenswille brüchig zu werden beginnt, legt sie sich ins Bett, weist alle Speisen zurück und verlangt mit schleppender Stimme nach ihrem Arzt.

»Die kritischen Jahre«, meint Doktor von Franque achselzuckend, als ich mit ihm allein bin. »Erstaunlich, daß es sie so mitnimmt. Gewöhnlich trifft es nur unverheiratete, kinderlose Frauen mit dieser Heftigkeit.« Ein Seitenblick streift mich. »Richten Sie sich auf Monate und Jahre ein. Das kann dauern.« Er hält inne.

»Reisen Sie meinetwegen in die Berge«, fügt er nach einer Pause hinzu, »schaden kann es jedenfalls nichts.« Mathilde will nur ein einziges Dienstmädchen mitnehmen, und später hält sie auch das für überflüssig, da wir uns ja eine Zugehfrau vom Lande nehmen könnten, wo immer wir gerade sind.

Schliersee, Bayrischzell, Lenggries. Nachdem sie kurzfristig munterer schien, liegt Mathilde jetzt fest zu Bett. Ihr monatliches Unwohlsein, das schon lange ausgeblieben war, kehrt noch einmal wieder und zieht sich über viele Tage hin, begleitet von schmerzhaften Krämpfen und schwärzesten Gemütszuständen. Ich bereite ihr Wärmflaschen, Umschläge. Dann klagt sie über tiefe Erschöpfung, ist apathisch und appetitlos, ihr Puls geht flach und unregelmäßig und scheint zeitweilig ganz auszusetzen. Tagelang spricht sie kaum. Ich verabreiche ihr stärkende Süppchen, anregende Tees. Dann wird sie plötzlich wieder von Unruhe ergriffen, wirft die Decken von sich, klagt über Wallungen, Blutandrang im Kopf, Herzklopfen, stößt den Teller zurück, verlangt nach ausgefallenen Speisen, die hier schwer zu finden sind. Ich mache ihr Beruhigungstees, Wadenwickel, Schlaftränke.

Wochenlang bin ich ihre einzige Gesellschaft.

»Ich kann keine Höflingsvisagen mehr sehen.«

Nur noch des Nachts bin ich mit mir und meinen Gedanken allein, und selbst da ruft sie häufig nach mir.

Ich schreibe nichts mehr, nur hin und wieder einen Brief nach Hause, und ich lese nur, wenn sie vorgelesen bekommen will; ich lese auf Wunsch, singe auf Wunsch, rede und schweige auf Wunsch. Manchmal, wenn Mathilde mit geschlossenen Augen ruhig daliegt und nichts verlangt, bin ich nicht einmal mehr imstande, eine Handarbeit zu verrichten, sondern sitze nur am Fenster und starre hinaus. Dieses Bergdorf ist wahrhaftig das Ende der Welt. Feine Nadelstreifen Regen ziehen scharfe Linien am Fenster. Mein müder Kopf ist so schwer zu balancieren, und die Lider sind vor Schlafmangel geschwollen.

Ich schlafe auf dem Stuhl neben ihrem Bett ein und träume: Ich bin auf Schloß Karwitz. Ein herrliches Gebäude, ein weitläufiger Park. *Ihn* sehe ich nirgends, doch auf der Terrasse sitzt, in Decken gewickelt, mit dem Rücken zu mir, mein geliebter Vater behaglich im Lehnstuhl, und die Kinder spielen ein wenig entfernt unter den mächtigen Bäumen, ich höre ihre hohen lachenden Stimmen. Welche Kinder? Vater ruft, ohne den Kopf zu wenden: Könntest du mir ein Glas Milch bringen, Eugenie? Und die Wärmflasche und die Morgenzeitung?

»Ich habe geträumt!« klagt Mathilde auffahrend. »Immer derselbe schreckliche Traum: Treppen, die sich höher und höher winden, sie haben kein Geländer, und manchmal fehlt eine Stufe, und ich laufe da hinauf, und unter mir steht Fürst Günther und lacht.« Beruhigungstee. Sie umklammert meine Hand und bricht nach langem Schweigen in wüste Beschimpfungen gegen ihren geschiedenen Ehemann aus, der sie um ihr Leben betrogen, ihre Kinder gestohlen habe und nun alles tue, um sie finanziell zugrunde zu richten. Hinter ihrem Jammern und Klagen finde ich die attraktive, selbstbewußte, kluge Frau nicht wieder, die ich zwanzig Jahre lang bewundert und verehrt habe.

Tag und Nacht sitze ich an ihrem Bett, zerstört von Schlafmangel. Und meine Nerven zerren an mir: Wenn sie in der nächsten halben Stunde auch nur *ein* Wort sagt, schreie ich! Hinten im Kopf lauert sprungbereit die Migräne, das mütterliche Erbteil. Man hat die eine Hälfte meines Schädels in einen Schraubstock eingeschlossen, und mit flatterndem Augenlid, rollendem Augapfel und zuckendem Mundwinkel sucht die andere Hälfte zu entkommen. »Mach mir eine Kompresse, Juno, liebste«, flüstert Mathilde schwach, »dieser rasende Kopfschmerz ist nicht länger zu ertragen.«

Eine Stunde später, als ich mich lautlos zurückziehen will, da sie regungslos daliegt und zu schlafen scheint, richtet sie sich auf und ruft: »Geh nicht fort! Lies mir vor! Spiel Klavier! Nicht diese Totenstille, um Gottes willen, ich fühle mich ja wie schon gestorben.«

Sie faßt nach meiner Hand und sagt mit gepreßter Stimme: »Nimmt dieser Zustand denn gar kein Ende? Ich weiß, daß ich unleidlich bin, liebe Jenny, ich bin gräßlich, ich schäme mich so. Vergib mir. Du bist der einzige Mensch, der in meinem Elend zu mir hält. Ich brauche dich, Juno, du bist so stark.«

Dr. Franque kommt dann und wann in unsere Einöde gefahren. Er wiegt den Kopf: »Vielleicht können Sie sie doch bewegen, nach München zurückzukehren, wo mehr Abwechslung ist. Es will mir gar nicht gefallen, daß die Sache sich so hinzieht. Können Sie Fortschritte feststellen, Fräulein John, oder nur ein Auf und Ab? Ich hoffe nicht, daß dieser Zustand sich zu einer dauerhaften Gemütskrankheit verfestigt. Nebenbei: Was machen Ihre Finger? Die Handgelenke? Sie sollten dringend eine Badereise antreten; die Knotenbildung ist vorangeschritten, das Klima hier ist Ihnen gar nicht bekömmlich. Nur eine Badekur kann da helfen.«

Doch der Gedanke an die Gesellschaft in den Kurorten ist Mathilde unerträglich. »Sobald ich mich besser fühle, kannst du allein zur Kur reisen.« Es riecht nach Krankheit im Nebeltal. Wie selten bekomme ich die uns umgebenden Gipfel zu Gesicht! Meistens sind um uns nur Grautöne, stumpfes Grau, grau kommt der Frühling, grau geht der Sommer, es regnet immerfort, und alle Geräusche klingen gedämpft, als seien entweder wir oder die uns umgebende Welt vielfach in Mullbinden gehüllt. Und wenn einmal blauer Himmel ist und ein heller Sonnenstrahl in unsere Räume dringt, wenn die Luft draußen klar und würzig ist, dann sagt Mathilde mit Sicherheit: »Schließ die Fenstervorhänge, meine Augen schmerzen. Geh jetzt nicht aus, setz dich zu mir, du mußt nichts sagen, nur bei mir sollst du sein.«

Vermutlich wegen der feuchten Witterung hat die morgendliche Steifheit meiner Hände zugenommen und hält länger an als früher. Ich lasse Gegenstände fallen und kann Mathilde nicht mehr beim An- und Auskleiden helfen. Es fällt mir schwer, mit dem Teegeschirr umzugehen und die Wärmflaschen und Umschläge zu bereiten. Wir müssen ein geschultes Mädchen aus München kommen lassen. Auch das Aufstehen und Hinsetzen bereitet mir Schwierigkeiten – ich habe Schmerzen in den Kniegelenken. Mathildes Zustand dagegen scheint sich allmählich zu bessern.

Mein Heimweh nach Thüringen wächst. Je schlechter es mir geht, um so stärker wird es. Ich bitte Mathilde, mich angesichts meiner zunehmenden Ungeschicklichkeit und eigenen körperlichen Hilflosigkeit nach Hause zu entlassen. Sie starrt mich an, wie vom Blitz getroffen, sprachlos zuerst, und ich sehe Tränen in ihren Augen. »Du kannst doch jetzt nicht fortgehen, nach all dem, was wir zusammen durchgemacht haben! Ich werde eine Krankenwärterin einstellen, die uns beide pflegt. Dazu reichen meine Einkünfte noch.«

»Nein«, sage ich. »Ich will in meine Heimat zurück, zurück zu meiner Familie. Die Familie ist der Platz, wo ein Mensch hingehört, wenn er krank ist.«

»Ach so«, entgegnet sie kühl, und ihre Miene wird starr. »Wenn es so ist, will ich dich nicht halten. Leb wohl.« Damit kehrt sie mir den Rücken zu. Ich habe ihr Alfreds freundliche Antwort auf meinen Heimwehbrief, die ich schon seit einer Woche mit mir herumtrage, nicht gezeigt. Am nächsten Tag reise ich ab. Sie reicht mir zum Abschied nicht einmal die Hand.

»Ich bin, nach langen Irrfahrten durch die Welt, schließlich zu der Überzeugung gekommen, daß ich das beste Teil meines Lebens – das heißt die Zeit, wo die Seele mit der ganzen übrigen Welt in vollkommenem Einklang steht, mithin ihren Frieden hat – in den ersten sechs Jahren meines Daseins zu suchen habe. Infolge vielfacher Enttäuschungen verfiel ich endlich dem leidigen Aberglauben und vermutete im Lande meiner Geburt einen Hort, einen Zauber, der mich sofort in das Glück des ursprünglichen Friedens zurückversetzen müsse. Sie werden begreifen, daß ich mich ohne weiteres auf den Weg nach Thüringen machte.«[31]

Die seriöse Biographie IV:
Spätere Erwachsenenjahre (1863–1887)

Als Eugenie 1863 wieder in ihre Heimat zurückkehrte, war ihre Mutter bereits zehn Jahre tot. Ihre ältere Schwester Rosalie, schon seit langem ein Pflegefall, starb 1866. Von den Brüdern waren zwei – Hermann, der Porzellanmaler, und Max, der Ingenieur – aus Arnstadt fortgezogen. Eugenie konnte wie ihr inzwischen siebzigjähriger Vater bei Bruder Alfred, dem Lehrer, unterkommen, der 1860 Ida, die Tochter seines Rektors, geheiratet und bereits einen Sohn hatte. Die Fürstin Mathilde hat sie nie wieder gesehen.

Die Verhältnisse waren gutbürgerlich, räumlich jedoch äußerst beengt. Eugenie bewohnte eine kleine Wohn- und eine Schlafstube. Da die fürstliche Pension schmal war, übernahm sie Näh- und Stickarbeiten gegen Entgelt. Außerdem bemühte sie sich um Klavier- und Gesangschüler. Neben diesen kleinen Erwerbsarbeiten machte sie sich mit neuem Eifer an ihre schriftstellerischen Versuche und sandte 1865, durch Alfred ermutigt, die schon einmal abgelehnte Novelle »Schulmeisters Marie« sowie die neue, »Die zwölf Apostel«, unter dem Pseudonym E. Marlitt an Ernst Keil, den Herausgeber der »Gartenlaube«. Keil reagierte prompt und positiv auf die »Zwölf Apostel«, mit deren Abdruck er wenig später begann; auch lud er E. Marlitt zu weiterer Mitarbeit ein.

»Wenn man genötigt ist, so viele verfehlte, triviale, schülerhafte usw. novellistische Arbeiten zu lesen, wie dies die Redaktion einer Zeitschrift, wie es meine ›Gartenlaube‹ ist, nicht anders mit sich bringt, so thut es doppelt wohl, stößt man unter der Menge von Einsendungen einmal auf eine Schöpfung, die nach Stoff und Form unwiderleglich den Stempel

des Talentes an sich trägt ... Ich wäre mit Vergnügen bereit,
auch ferner novellistische Beiträge von Ihnen zu acceptieren
und Sie zu den ständigen Mitarbeitern der ›Gartenlaube‹ zu
zählen ...«[32]

Daraufhin wagte es Eugenie, ihm das bereits fertig liegende
Romanmanuskript der »Goldelse« zu schicken. Keil war von
dieser Arbeit so angetan, daß er unverzüglich von seinem
Prinzip, nur kürzere Erzählungen zu bringen, abging und
schon im Januar 1866 mit dem Abdruck der ersten Folge der
»Goldelse« begann. Das gewaltige zustimmende Echo, die
unerhörte Begeisterung des Publikums kamen jedoch selbst
für ihn unerwartet und machten E. Marlitt über Nacht zur
Starautorin der »Gartenlaube«. Der Erfolg steigerte sich mit
jedem weiteren Roman. 1867 erschien »Das Geheimnis der
alten Mamsell«, 1869 »Reichsgräfin Gisela« – wie die ersten
und alle weiteren Arbeiten zunächst als Fortsetzungsab-
druck in der »Gartenlaube«, später in Buchform. Das Rätsel-
raten, wer sich hinter der erfolgreichen Autorin verberge,
war groß, und als 1868 eine Zeitschrift das Pseudonym lüf-
tete, erreichte der Wirbel um E. Marlitt einen neuen Höhepunkt. Eine Theaterunternehmerin erwarb die Dramatisie-
rungsrechte für alle Romane; der Verlag verkaufte die Rechte
für Übersetzungen in fast alle europäischen Sprachen; die
Auflage der »Gartenlaube« stieg und stieg.

»Der eigenthümliche Zauber, welcher über den Erzählungen
dieser hochbegabten Schriftstellerin liegt, wird nicht nur von
uns Deutschen, sondern von allen cultivirten Nationen des
Erdballs lebhaft empfunden ... Wenn das Sprichwort: Zahlen
beweisen oder Zahlen frappiren, wahr ist, so dürfte augen-
blicklich Marlitt der gelesenste Autor Deutschlands sein«,
hieß es 1869 in der »Gartenlaube«.[33]

Von ihren Honoraren konnte sich Eugenie ein eigenes Haus
bauen, das der Größe der Familie und ihrem sich verschlechternden Gesundheitszustand gerecht wurde: das »Dichter-

schlößchen Marlittsheim«. Seit 1868 hielten die arthritischen Lähmungen sie fest an den Rollstuhl gebunden; erst 46 Jahre alt, zog sie als gehunfähige Invalidin ins »Marlittsheim« ein. Später kam zu der chronischen Polyarthritis ein Magenleiden hinzu, das ihr gelegentlich noch schwerer zu schaffen machte. Die berühmte Autorin führte ein äußerst zurückgezogenes Leben, das sich fast ausschließlich im Kreis der Familie abspielte. Sie empfing kaum Besucher, ließ sich, soweit wir wissen, in ihrem ganzen Leben nur zweimal fotografieren und unterhielt keinerlei Verbindung zur literarischen Welt. Lediglich zu Ernst Keil und seiner Familie entstand eine freundschaftliche Beziehung, und 1868 hatte sie einen allerdings nur wenige Monate dauernden Briefwechsel mit Fürst Pückler, dem damals vielgelesenen Reiseschriftsteller und alternden Lebemann, der ihre Bücher bewunderte und sich vergeblich um eine persönliche Bekanntschaft bemühte. Eugenie verließ jetzt kaum mehr das Haus, außer hier und da zu kleinen Sommerausflügen in schöne Orte des Thüringer Waldes, bei denen sie jedoch den Wagen nicht mehr verlassen konnte.

Unterdessen nahm ihr Erfolg zu. 1871 erschien der Roman »Heideprinzeßchen«. Mit dem Abdruck der »Zweiten Frau« im Jahre 1873 erreichte ihr Ruhm den Höhepunkt. Keil drängte ständig auf neue Manuskripte, doch Eugenies gesundheitliche Verfassung verschlechterte sich und erschwerte ihr das Arbeiten zunehmend, so daß die Abstände zwischen ihren Romanen größer wurden. Sie erhielt Tausende von Zuschriften. Die 1871 in Arnstadt tagende Lehrerversammlung beschloß ihre Zusammenkunft mit einem Fackelzug zum Marlittsheim. Turn- und Gesangvereine brachten ihr Ständchen und ließen sie auf ihren Feiern hochleben. Der Name E. Marlitt war in allen sozialen Schichten bekannt, und es gab kaum eine Frau im lesefähigen Alter, die nicht wenigstens einen Roman von ihr kannte.

1873 war Vater John, der den Umzug ins neue Heim noch mitgemacht hatte, gestorben. 1878 starb auch Ernst Keil, der Begründer der »Gartenlaube«, dessen Anerkennung und Lob für Eugenie immer wichtig gewesen war. Zu dem neuen Herausgeber entwickelte sich keine ähnlich freundschaftliche Beziehung. Ihre Schaffenskraft ließ merklich nach. 1876 war »Im Hause des Kommerzienrats« herausgekommen, 1879 »Im Schillingshof«, das Keil noch im Manuskript gelesen hatte. Nun mehrten sich langsam die kritischen Stimmen, die immer lauter wurden, so daß es 1885 zu einer regelrechten öffentlichen Fehde zwischen Anhängern und Gegnern der Marlitt über den literarischen Wert oder Unwert ihrer Arbeit kam.

1883, während E. Marlitt an der »Frau mit den Karfunkelsteinen« arbeitete, erlitt sie einen schweren Unfall, von dessen Folgen sie sich nie mehr ganz erholte. Sie stürzte aus dem Rollstuhl und verletzte sich schwer das Kniegelenk. Starke Schmerzen hinderten sie monatelang am Schreiben, und auch die Magenbeschwerden verstärkten sich, so daß der Roman erst Ende 1884 fertiggestellt und erst 1885 abgedruckt werden konnte. Wieder gab es begeisterte Stimmen von Schweden bis Italien, doch auch boshafte Kritik und hämische Anwürfe waren nun nicht mehr zu überhören. Sie machten der kranken, leidenden Autorin sehr zu schaffen. Ihren letzten Roman, »Das Eulenhaus«, konnte sie nicht mehr vollenden. Im Oktober 1886 zog sie sich eine Rippenfellentzündung zu, an deren Spätfolgen sie nach wiederholten Rückfällen und langem Leiden am 22. Juni 1887 starb.

Die Trauer, mit der die Öffentlichkeit reagierte, und die große Begräbnisfeier, zu der Menschen von weither kamen, zeigten noch einmal ihre ungeheure Beliebtheit beim Publikum. »*Geehrter Herr*«, schrieb ein Arbeiter in einem Beileidsbrief an Bruder Alfred: »*Was soll ich Ihnen sagen, wie lieb mir die Dichterin war, wie sie es so recht verstand, zum Herzen zu sprechen und armen, niedergedrückten Gemütern Lebensodem einzuhauchen, damit sie weiterarbeiten können in der Alltäglichkeit. Ich habe die Geistesgaben unserer Dichterin stets mit Andacht gelesen und mich in den verschiedenen Lebensaltern daran erbaut und aufgerichtet... Als Lehrling war ich verlassen, sie rief mir zu: verzage nicht! Als Handwerksbursch war ich von der Welt mißachtet, sie tröstete: verliere das Vertrauen nicht! Und wenn ich als verheirateter Mann mich manchmal in meinen Mußestunden durch das Lesen ihrer schönsten Erzählungen über die Sorgen und Mühen des täglichen Lebens zu erheben suche, so ruft sie stets: hoffe! Und wie ist es der Dichterin stets gelungen, dem Guten, Edlen und Schönen zum Siege zu verhelfen! Sie war eine echt deutsche Dichterin, deren Name unter den Edelsten der Nation immer genannt werden wird.«*[34]

Die Expertenrunde I:
Der Herr von der »Gartenlaube«

»Ja«, läßt sich der Herr von der »Gartenlaube« mit Befriedigung und Nachdruck vernehmen: *»Sie war eine echt deutsche Dichterin, deren Name unter den edelsten der Nation immer genannt werden wird.«*[35]
Er sieht sich in der Runde nach Zustimmung um, doch nur der Herr Vorsitzende nickt beifällig; die anderen Herren sortieren ihre Unterlagen.

»Wir haben ihre Lebensgeschichte hier noch einmal im Ganzen betrachtet«, fährt der Herr von der »Gartenlaube« fort – »und wem ginge sie nicht zu Herzen? Zumal wahre Begabung und menschliche Größe am Ende doch noch belohnt wurden, nachdem sie sich lange in Demut geduldet und alle schweren Prüfungen des Schicksals tapfer durchgestanden hat. Ich selber hatte das Vergnügen, sie im Jahre 1869 zu besuchen, in der Zeit ihrer ersten großen Erfolge, doch noch vor dem Umzug ins Dichterschlößchen Marlittsheim, und ich bekenne frei heraus, daß ich tief angerührt war von dieser großartigen Frauenpersönlichkeit.« Wieder sieht er in die Runde, ehe er fortfährt.

»Das Solbad Arnstadt, Marlitts Geburtsort, stand ohnehin auf meiner Reiseroute verzeichnet; es lag daher der Wunsch so nahe, daß es mir vergönnt sein möchte, das Bild, welches sich mir aus ihren Werken… aufgedrängt hatte, bei einem persönlichen Begegnen zu vervollständigen und so eine schöne Erinnerung mit heimzubringen, die mir eine Freude sein sollte für so manchen kommmenden düsteren Wintertag. Der Wunsch, als Besuchender an Marlitts Tür anzuklopfen, ward bald zum festen Beschluß, trotz des hin und wieder vernom-

menen Munkelns, wie unmöglich es sei, bei ihr vorgelassen zu werden ... [So] fand ich bald ... das reizend auf der Sohle des engen Thales gelegene Haus, in welchem zur Zeit die Dichterin der ›Goldelse‹, des ›Geheimnisses der alten Mamsell‹ und der ›Reichsgräfin Gisela‹ ihr hartnäckiges rheumatisches Leiden mit dem Lächeln echt weiblicher Hingebung und mit der Ruhe einer großen Seele trägt, die über dem freien Flügelschlag der Gedanken die schmerzenden Glieder zu vergessen vermag ...

Empfangen vom Bruder der Autorin, in dessen Familie sie samt ihrem ehrwürdigen greisen Vater lebt, mußte ich anfangs freilich hören, wie es factisch unmöglich sei, ein Begegnen mit ihr zu vermitteln, und erst, nachdem ich das ganze Geschütz meiner Überredungsgabe ins Feuer geführt hatte, gelang es mir, wenigstens den Bruder zu bestürmen, seiner berühmten Schwester meinen sehnlichen Wunsch mitzuteilen. Ich hatte, während sich derselbe zu diesem Zweck nach ihrem Arbeitszimmer begab, Muße genug, den einfach, aber durchaus sinnig geschmückten Salon zu durchmustern. Da hingen in schöner Gruppierung die photographisch ausgeführten Gestalten lieber, der Dichterin ans Herz gewachsener Persönlichkeiten. Da hing das große ... prächtig ausgeführte Bild der geschiedenen regierenden Fürstin von Schwarzburg-Sondershausen ... Dieser Photographie gegenüber hing Marlitts eigenes, und so weit ich urtheile, wohl getroffenes Portrait, gemalt von ihrem Vater. An der Hinterwand, unter einem vortrefflichen Bilde Schillers, stand der Flügel, zu dessen Accorden sie wohl dann und wann im allerengsten Familiencirkel, oder die blondhaarigen Neffen zu beiden Seiten, Volksweisen vorträgt, welche sie so sehr liebt.

Eben wollte ich von den offenen Thürflügeln des Salons aus ... die labende Aussicht auf den Garten und die im Hintergrund aufsteigenden bewaldeten Ausläufer des Thüringer Waldes genießen, als plötzlich die Tür des Nebenzimmers

zurückgeschlagen wurde und ich mich gegenüber der sinni-
gen Schöpferin der ›Goldelse‹ befand, die, in einem Lehnstuhl
sitzend, mich mit anmutvoller Handbewegung grüßte.
Mein Blick überflog die elegante Gestalt der Dichterin...
Der leicht geneigte, von dunklen Locken umrahmte Kopf,
das heiter lachende blaue Auge, der schelmische Zug, der die
Mundwinkel umspielte, machten den gewinnendsten Ein-
druck; herzlicher, als man wohl sonst einer Dame zu tun
pflegt, der man zum ersten Mal gegenübersteht, drückte ich
der Schriftstellerin die Hand, die in ihren Dichtungen einen
so unerschrockenen Kampf aufgenommen hatte mit der bunt-
farbig gleißenden Heuchelei, mit der Jämmerlichkeit einer
herzlosen Religiosität, die nur in äußerem Formelkram und
einschläfernder Selbstberäucherung sich bläht, und mit den
längst verrotteten, längst verurtheilten Ansprüchen eines
Standes, der sich umsonst gegen die freiheitlichen Forderun-
gen der Gegenwart stemmt.
Und doch war über die ganze Figur eine harmonische Ruhe
ausgegossen, die sich nur dann unterbrach, wenn irgendeine
Mitteilung das Auge hell aufleuchten ließ. Ein ganz ei-
genthümliches Zucken – ich konnte nicht unterscheiden, ob es
nur schalkhaft oder innere Erregung war – umspielte dann
den Mund, der sehr fröhlich lachen konnte... Vielleicht mit
in der Folge ihres Gehörleidens ist bei der Unterhaltung ihr
Auge stets scharf und fragend auf den Sprechenden gerichtet,
und nur, wenn sie ihr Vis-à-vis nicht oder nur halb verstan-
den hat, wendet sie dasselbe dem Bruder zu, der dann sofort
mit lauter Stimme die Worte des Fremden wiederholt. Ein
äußerst gewandter und eleganter Conversationston und ein
liebenswürdiges, verständnißfeines Eingehen auf alle Fragen
der Kunst und Literatur erleichtern eine Unterhaltung mit
ihr ungemein und machen solche zu einer sehr angenehmen
und anregenden.
Zunächst sprach ich ihr meinen tiefgefühlten Dank aus für

die vielen genußreichen Stunden, welche ihre poetischen Schöpfungen mir bereitet hatten – nicht mir allein, denn in diesem Augenblick fühlte ich mich berufen zum Anwalt der nach vielen Hunderttausenden zählenden Leser der ›Gartenlaube‹. Mit der ihr eigenthümlichen mädchenhaften Bescheidenheit, welcher das Lob ein Erröthen in die Wangen trieb, nahm sie diesen Dank entgegen... Wie mechanisch blätterte sie dabei mit der Linken in einem seitwärts auf ihrem prächtigen Schreibtisch liegenden Album, in welchem sie die unzähligen Zuschriften aufbewahrt, die, aus aller Herren Länder – so weit die deutsche Zunge klingt – zwischen schön verzierten Pappendeckeln hier zusammengeweht, meist in tief empfundener und begeisterter Weise den Gefühlen des Dankes, der Verehrung und Liebe beredten Ausdruck geben. ›Oh ja‹, sagte sie im Laufe des Gespräches. ›Ich leugne nicht, daß mir diese Blätter manche angenehme Stunde bereitet haben und noch bereiten; geben sie mir doch den Beweis, daß meine schriftstellerische Thätigkeit nicht ohne Segen ist. Glauben Sie nicht auch‹, fügte sie hinzu, ›daß so manches vielversprechende Talent krank und siech wird, weil die Welt, für die es ja ringt und strebt, die schaffende Seele achtlos sich verbluten läßt? Nicht Alle haben leider das Glück, sich bis zu einer allgemeinen Anerkennung durchzuringen.‹
›Aber auch nur Wenige haben das Glück, wirklich berufen zu sein‹, erlaubte ich mir zu erwidern; ›und wenn halbe Talente ihr Mühen erfolglos sehen, so erliegen sie eben dem unerbittlichen Gesetz, dem jedwede Halbheit nothwendig erliegen muß! Ich meinerseits glaube, wirklich Berufene ringen sich stets durch.‹«[36]
»Das, meine Herren«, fährt der Herr von der »Gartenlaube« fort, »ist in der Tat meine Meinung, genau so, wie ich sie ihr damals unterbreitete, und wird es immer bleiben.«

Die Expertenrunde II:
Der Herr von der Literaturwissenschaft

»Ganz recht: nur wenige haben das Glück, wirklich berufen zu sein!« unterbricht ihn der Herr von der Literaturwissenschaft, der der Erzählung mit einer an Unhöflichkeit grenzenden Ungeduld gefolgt ist. »Doch wer Bestseller schreibt, ist keineswegs immer berufen. Und gutgemeint ist noch lange nicht gut geschrieben. Eugenie Johns Lebensgeschichte mag menschlich ergreifend sein, doch das macht ihre Literatur um nichts besser. Die Marlitt-Romane sind und bleiben Edelkitsch; diese Auffassung war zwar zu Ihrer Zeit noch nicht verbreitet, aber um die Jahrhundertwende war sie schon weitgehend gefestigt. Die einzige Bedeutung dieser Romane für die Literaturwissenschaft liegt darin, daß sie den Anfang vom Genre des trivialen Frauen- und Liebesromans im 19. Jahrhundert markieren.«

»Gottfried Keller ist, wie Ihnen bekannt sein wird, anderer Meinung!« sagt der Herr von der »Gartenlaube« mit unterdrückter Feindseligkeit, die im Klang seiner Stimme und in der leichten Rötung seines Gesichts zum Ausdruck kommt. »Sie mögen das literarische Urteil meines Chefs Ernst Keil geringschätzen, der sehr stolz darauf ist – ich erlaube mir zu zitieren: ›... *eine deutsche Schriftstellerin zuerst erkannt und deren Weg gebahnt zu haben, für die mir nicht nur Deutschland – nein, eine ganze Welt jetzt schon dankt und immer danken wird.*‹[37]

Sie können das beinahe einhellige Presseecho mehrerer Jahrzehnte meines Jahrhunderts beiseite fegen und den literarischen Geschmack mindestens einer Generation von gebildeten Lesern des Bürgertums als minderwertig bezeichnen.

Aber würden Sie auch Gottfried Keller der Geschmacksver-
irrung bezichtigen, wenn er frei heraus zugibt, daß er die
Marlitt bewundert? Ich zitiere erneut: ›*Das ist ein Zug, ein
Fluß der Erzählung, ein Schwung der Stimmung und eine
Gewalt in der Darstellung dessen, was sie sieht und fühlt – ja,
wie sie das kann, bekommen wir das alle nicht fertig… Es
lebt in diesem Frauenzimmer etwas, das viele schriftstel-
lernde Männer nicht haben, ein hohes Ziel – diese Person be-
sitzt ein tüchtiges Freiheitsgefühl, und sie empfindet wahren
Schmerz über die Unvollkommenheit in der Stellung der
Weiber. Aus diesem Drang heraus schreibt sie… In dem
Frauenzimmer steckt etwas von dem göttlichen Funken, und
das erkennen alle an, die reinen Herzens sind, vorab die
Jugend.*‹[38]*
Soweit Herr Keller. Ich könnte noch andere Persönlichkeiten aufführen, die auch Ihnen Eindruck machen müßten:
Levin Schücking, gewiß kein unbedeutender Schriftsteller,
mußte die Kollegin, mit der er konkurrierte, vielleicht wider
Willen anerkennen; ich zitiere abermals: ›*Wenn die Erfolge
der Marlitt auch unverdient wären, so sind sie doch nicht zu
leugnen und in großartiger Weise da… Diese Erfolge sind
aber in der That – das kann nur Dummheit leugnen – wohl-
verdient. Die Marlitt ist ein Erzählertalent, wie es noch keine
Frau in Deutschland entwickelt hat, sie ist in manchen Dingen wirklich groß! Namentlich in zwei Dingen, in der Psychologie des Frauenherzens und in dem, was ich Kolorit
nenne.*‹[39] Sodann sollten Sie als Literarurwissenschaftler die
Einschätzung Ihres Kollegen und meines Zeitgenossen, Rudolf von Gottschall, kennen, der sich im gleichen Sinne wie
die beiden eben erwähnten Herrn geäußert hat: ›*E. Marlitt ist
ein bedeutendes erzählerisches Talent… sie besitzt nicht nur
die Gabe der Erzählung, sondern auch das Talent der Schilderung… Auch der Stil dieser Romane verdient alles Lob; er
ist frei von jeder Künstelei und Übertreibung, fließend und*

frisch von anmutiger dichterischer Belebung, ohne lyrische Extratouren, anschaulich und bezeichnend, edel und tadellos im Ausdruck wie in der syntaktischen Führung.‹[40] Sodann dürfte Sie das Urteil eines anderen Literaturhistorikers interessieren, der...«

»Einen Moment!« unterbricht wiederum der Herr von der Literaturwissenschaft in unverändert spöttisch-herablassendem Ton. »Ich fühle mich weder für die ›Psychologie des Frauenherzens‹ noch die ›reinen Herzen der Jugend‹ zuständig; dazu kann sich unser Kollege von der Psychoanalyse vermutlich kompetenter und mit allseits größerem Gewinn äußern. Doch Sie führten Gottschall und Keller an, und bei beiden Zeugen haben Sie zu erwähnen vergessen, daß sie auch auf die Schwächen der Erzählerin Marlitt sehr deutlich hinweisen. Gottschall hat das Aschenbrödelmotiv in den Romanen herausgearbeitet und unmißverständlich klar gemacht, daß der Märchencharakter der Handlung die Schwäche der Autorin ist, und was Keller betrifft, so haben Sie eben im wörtlichen Zitat just an der Stelle abgebrochen, wo es heißt: ›... *ein Schwung der Stimmung, eine Gewalt...*‹ und so weiter und so fort, aber dann: ›... *wir wollen nicht ungerecht sein und der Schwächen wegen, die sie auch hat, ihr das wegstreiten.*‹[41] Ich nenne das, bei allem Respekt, Herr Kollege, eine unsaubere Art zu zitieren, die ich bei meinen Studenten nicht durchgehen lassen würde, das versichere ich Ihnen.«

Die rötliche Färbung in dem runden, von einem blonden, kurz gehaltenen Vollbart gerahmten Gesicht des Herrn von der »Gartenlaube« ist noch ein wenig dunkler geworden, was sicher nicht nur auf das Ausmaß seiner Erregung, sondern auch auf die Tatsache zurückzuführen ist, daß er soeben das dritte Gläschen Sherry zum Munde führt – übrigens eine gute Marke, Harveys dry fin.

»Frauenliteratur – davon einmal abgesehen«, fährt der Herr

von der Literaturwissenschaft fort, offensichtlich ohne zu registrieren, daß seine überhebliche Art auch den beiden anderen anwesenden Herren mißfällt, »Frauenliteratur hatte übrigens auch im 19. Jahrhundert eine Sonderstellung. Alle von Ihnen angeführten Quellen heben die Tatsache weiblicher Autorschaft als eine Besonderheit hervor – von Frauen wurde damals nicht allzuviel erwartet, und deswegen war man geneigt, ihnen auch für sehr mittelmäßige Leistungen Vorschußlorbeeren zu geben. Ein Phänomen, das sich heute wiederholt – wie ich oft genug meinen feministisch infizierten Studentinnen klarmachen muß.«

»Das mag bei der Literaturkritik, nicht aber beim Publikum eine Rolle gespielt haben, meine ich«, wendet der Herr von der Psychoanalyse ein, und der Herr von der Gesellschaft für Trivialität und Transzendenz sieht sich zu einer allgemeineren Bemerkung genötigt: »Ich will mich nicht in die fachliche Diskussion einmischen, aber ich möchte Ihnen –«, an den Herrn von der Literaturwissenschaft gewandt – »zu bedenken geben, daß wir hier um eine sehr viel breitere, allgemeinere Würdigung des Phänomens E. Marlitt bemüht sind. Deswegen sollte nicht ausschließlich die literaturwissenschaftliche Einschätzung ihrer Romane aus der Sicht des 20. Jahrhunderts zur Geltung kommen.«

»Zu etwas anderem kann, will und werde ich mich nicht äußern«, entgegnet der Herr von der Literaturwissenschaft, nun seinerseits beleidigt. »Ich habe einen wissenschaftlichen Namen zu verlieren, und alles, was nicht an den strengen Kriterien meines Fachs orientiert ist, kann mich nicht interessieren.«

Die vier Herren sitzen nach wie vor an dem schweren alten Tisch im Salon, auf den hochlehnigen, ihnen allerdings inzwischen sichtlich unbequem werdenden Stühlen; besonders der Herr von der Literaturwissenschaft hat Schwierigkeiten mit der Sitzhaltung. Die Kaffeetassen sind inzwischen zwei-, dreimal geleert worden – die Kanne auf dem Stöfchen ist leer, das Teelicht niedergebrannt – und in der angebrochenen Sherryflasche zeichnet sich nur noch ein Finger breit Flüssigkeit ab – ein knappes Gläschen für einen von ihnen, das sich aber der guten Erziehung wegen bisher noch niemand genehmigt hat. Vielleicht ist die leicht gereizte Stimmung in der Runde darauf zurückzuführen, vielleicht auf die trockene Luft, vielleicht auch darauf, daß die anfangs mit Käsecräckern, gefüllten Oliven und gesmokten Mandeln gut gefüllten Schälchen in der Mitte fast leer gegessen sind und nicht mehr über den wachsenden Mittagsappetit hinweghelfen können, den der Blick auf die alte Standuhr als sehr berechtigt ausweist: Ein Viertel nach eins.

»Unter diesem allgemeineren Blickwinkel sollten uns durchaus auch das Selbstverständnis und die Motivation der Autorin interessieren«, beginnt der Herr von der Psychoanalyse wieder. »Und da meine ich, ist es wichtig festzuhalten, daß die ›Gartenlaube‹ ein Grenzphänomen ist, noch nicht zu vergleichen mit den illustrierten Massenblättern unserer Zeit. Es gab noch nicht die in industrieller Massenfertigung hergestellte normierte Nahrung für unerfüllte Sehnsüchte, wie sie später nach vorgefertigten Mustern von Lohnschreibern und -schreiberinnen produziert wurde. Eugenie Marlitt verstand sich als freie Dichterin, die mit ihren Werken auch dazu beitragen wollte, die Welt zum Guten zu verändern. Sie war sozial engagiert und glaubte wie die meisten durch die Ideen von 1848 geprägten Menschen an den erzieherischen und weltverbessernden Wert der Bildung. Deswegen haben ihre Romane auch eine unübersehbare pädagogische Komponente: sie kritisieren Adel und Klerus, loben bürgerliche Tugenden wie Fleiß, Initiative, Durchsetzungskraft und setzen sich für eine Verbesserung der Stellung der Frau ein.«

»Was Trivialliteratur ist, steht fest«, insistiert der Herr von der Literaturwissenschaft. »Sie haben das Selbstverständnis der Marlitt sicher angemessen beschrieben, aber es wäre naiv, die Ernsthaftigkeit der Absichten zum Kriterium für Nicht-Trivialität zu machen. Ihre Romane sind anerkanntermaßen spannend – das allein stimmt uns Literaturwissenschaftler schon mißtrauisch. Seriöse Literatur ist nicht spannend, sondern spröde; sie erschließt sich nur dem Leser, der sich ernsthaft um sie bemüht und mehr als Zerstreuung sucht. Die Marlitt variiert das immer gleiche Muster der Love-Story nur wenig – Gottschall hat in diesem Zusammenhang von ›Aschenbrödels Braut- und Himmelfahrt‹ gesprochen, die ihr ewiges Thema seien. Der Handlungsverlauf ist, wenn von Details abgesehen wird, voraussagbar. Die Charaktere der Gestalten wandeln sich nicht; ihre Schwarz-Weiß-Bewertung steht bereits zu Anfang der Romane fest. Das Rührselige entsteht vor allem durch die Überladung mit stimmungsbesetzten, meist sehr abgegriffenen Adjektiva; überhaupt leben die Bücher nur von der gefühlsseligen Identifikation der Leserin mit der Geschichte. Vom zeitgenössischen Heftchenroman unterscheiden sich Marlitts Arbeiten zugegebenermaßen durch die meinetwegen edelsten Absichten der Autorin, durch den größeren Umfang, durch längere, elaborierte Sätze und die etwas komplizierter konstruierte Handlung. Ende.«

Der Herr von der Literaturwissenschaft ist etwas kurzbeinig und muß daher ziemlich weit vorn auf der Stuhlkante sitzen, um zumindest mit den Fußspitzen das Parkett berühren zu können; das wiederum hindert ihn, sich mit dem Rücken anzulehnen, zumal auch die starre Lehne alles andere als bequem ist. Er verlagert deswegen sein Gewicht abwechselnd auf den vorderen und den hinteren Teil der Sitzfläche, was ihn insgesamt unruhig und nervös erscheinen läßt. Die anderen Herren haben dieses Problem nicht: Der Herr von der Psychoanalyse ist relativ groß, er kann mühelos beide Füße aufsetzen und schlägt ab und zu die Beine übereinander, und der Herr Vorsitzende und der Herr von der »Gartenlaube«, beide mittelgroß und von kompakter Statur, sind es offensichtlich gewohnt, stundenlang sehr aufrecht und mit geradem Rücken zu sitzen, ohne sich anzulehnen – was dem Herrn von der »Gartenlaube«, obwohl erheblich jünger als der Herr von der Literaturwissenschaft, ein etwas steifes, aber würdevolles Gehabe verleiht. Ein Herr von Mitte Dreißig also, mit sparsamen, gemessenen Bewegungen, außer wenn er mit großen Gesten pathetische Formulierungen unterstreicht, und ein Herr von Anfang Fünfzig, der unmotiviert auf seinem Stuhl zappelt und merklich die bequemen Konferenzsessel des späten 20. Jahrhunderts vermißt: Platzvorteil für die »Gartenlaube«.

Dafür kann der Herr von der »Gartenlaube« nur schwer mit der herablassenden Ironie des Kollegen umgehen, und er fühlt sich verunsichert durch diese Person, die einerseits durch Lebensalter und akademische Titel als Autorität ausgewiesen ist, es andererseits aber in jeder Hinsicht an Benehmen und Umgangsformen fehlen läßt, zudem eitel und arrogant ist. Gestärkt durch die berechtigte Hoffnung, von dem bisher sehr zurückhaltenden Herrn von der Psychoanalyse Schützenhilfe zu erhalten, wagt der Herr von der »Gartenlaube« sich noch einmal vor: »Sie sind älter als ich und Professor der Germanistik, Sie haben sich lange mit dem Gegenstand befaßt und darüber veröffentlicht – ich dagegen habe, wegen der Mittellosigkeit meines Vaters, die Universität nicht besuchen können und es nur zum Redakteur der ›Gartenlaube‹ gebracht – einer Zeitschrift allerdings, die meiner Meinung nach in Ihrem Jahrhundert ihresgleichen sucht. Dennoch möchte ich mir erlauben, Ihnen zu widersprechen. Ich bezweifle, daß Sie den Handlungsverlauf irgendeines der Romane von E. Marlitt wirklich vorauszusagen imstande wären – die Spannung, die Sie verdächtig stimmt, rührt ja gerade von den überraschenden Wendungen der Erzählung her. Mich würde auch sehr interessieren, warum Sie Spannung und Lesevergnügen als Zeichen minderen Wertes einschätzen – wir von der ›Gartenlaube‹ können uns nicht ein Literaturverständnis zu eigen machen, das Qualität mit Trockenheit, Langeweile und manierierten Schreibexperimenten gleichsetzt – Sie scheinen da einer Literatur von Literaten für Literaten den Vorzug zu geben. Und warum soll die Märchenform mit dem glücklichen Ausgang ein Beleg für niederes Niveau sein? Das Märchen ist eine Kunstform wie jede andere – warum soll ein stets negativer Ausgang literarisch wertvoller sein? Weil er lebensnäher ist? Auch dies würde ich zu bezweifeln wagen. Es ist richtig, daß sich einige der Gestalten in E. Marlitts Romanen nicht verändern, sondern nur breiter ausgemalt werden; aber im Mittelpunkt steht die seelische Entwicklung der Heldin, manchmal auch des Helden; auf sie konzentriert sich die Aufmerksamkeit der Dichterin und die Anteilnahme der Leserschaft. Diese Gestalten wandeln sich durchaus. Ich habe mir sagen lassen, daß dagegen gerade in der Literatur Ihrer Moderne auch die Protagonisten in der Regel keinerlei Veränderungen durchmachen, sondern am Ende eines Romans genau so dastehen wie am Anfang – es kann dies also kaum das entscheidende Kriterium für triviale Literatur sein. Mir ist, wenn Sie gestatten, dieser merkwürdige Begriff ›Trivialliteratur‹ immer noch sehr fremd. Sie schreiben hier in Ihrem sicher sehr verdienstvollen Werk: ›... eine Literatur, die mit den schon bestehenden Normen und Werthaltungen, mit den vorherrschenden Erwartungen der Leserschaft konform geht... eine Literatur, die sich ihre Leser nicht schafft, sondern sie bestätigt.‹ Ich bitte Sie: wir von der ›Gartenlaube‹ wollen unsere Leser ja gerade aufrütteln und erziehen, und auch E. Marlitt will nichts anderes! Wie erklären Sie sich überhaupt, wenn ich fragen darf, den anhaltenden Ruhm unserer Autorin? Zeitlosigkeit ist doch – wie Sie hier schreiben – ein Merkmal der anderen, der sogenannten ›hohen‹ Literatur?«

In diesem Augenblick klopft es, und die Hausangestellte tritt ein, um das Kaffeegeschirr und die Gläser abzuräumen. Mit ihr dringt ein herrlicher Braten- und Rotkohlduft in den Salon. »Es dauert nun nicht mehr lang mit dem Mittagessen«, verkündet sie, nachdem sie sich für die Unterbrechung entschuldigt hat. »Wenn die Herren sich in etwa fünf Minuten in das Speisezimmer begeben wollen.«

Die Herren erheben sich sogleich. Der Herr von der Literaturwissenschaft, der gerade drauf und dran war, auszurufen: »Aber sie wird doch seit Jahrzehnten nur von Verkäuferinnen und alten Tanten gelesen!« ist froh über die Unterbrechung. So kann er sich in Ruhe eine niveauvollere Entgegnung zurechtlegen.

Immer am Rand

Von einem kleinen Spaziergang zurückgekehrt, verharre ich noch eine Weile im Garten, bei der Straße, und betrachte unser Haus von außen, im Dämmerlicht dieses frühherbstlichen Abends.

In einigen Zimmern haben sie schon die Lichter angezündet, in der Wohnstube sind die Vorhänge nur halb zugezogen. Soeben schließt das Mädchen die Läden am Kinderzimmer. Schlafenszeit für den Kleinen. Von dort dringt die lachende Stimme meiner Schwägerin Ida in den Garten, wie sie etwas Unverständliches ruft und lacht. Jetzt ist wohl Rosalie schon eingeschlummert auf ihrem stillen Krankenbett, und der Vater sitzt in der halbdunklen Stube in seinem Lehnstuhl am Ofen und wartet auf das Abendbrot, während Alfred noch, die Hände auf dem Rücken, in der Bibliothek auf und ab schreitet und seinen Vortrag für die Schule überdenkt, wenn er nicht, stirnrunzelnd über ein Heft gebeugt, am Schreibtisch sitzt. In der Tat brennt bei seinem Arbeitsplatz am Fenster ein gedämpftes Licht. Jetzt liest Ida sicher dem kleinen Ernst oben zur Nacht vor; über sein Bett gebeugt, verscheucht sie mit ihrem Lachen die Gespenster, die er an Tür und Wänden wahrnimmt, schwarze Schattenarme, die unheimlich auf und nieder tanzen: die Äste der Kastanie. Und das Dienstmädchen wird, nachdem es auf Idas Geheiß die Läden geschlossen und so die Geister gebannt hat, unten in der Stube eifrig hin und her laufen und den Abendbrottisch decken. Und Ida, selbst noch fast ein Kind, doch schon Mutter, spricht Ernst das Abendgebet vor. Dann kommt sie die Treppe herunter: »Wo bleibt nur Eugenie?« wird sie den

Vater fragen, der statt einer Antwort kurz die Pfeife aus dem Mund nimmt und die Achseln zuckt. Und auch Alfred ruft von der Tür: »Ja, wo bleibt sie denn nur, es dunkelt doch schon!«

Da löse ich mich aus der Verzauberung im Zwielicht der Kastanie, schüttle die Bilder ab, die wohlige und zugleich wehmütige Stimmung, und trete über die Schwelle in die Wirklichkeit ein: »Hier bin ich, meine Lieben, gerade recht zum Nachtessen – es ist ein wunderbarer Altweibersommerabend draußen.«

Zwar ist der sommerliche Rosenduft verflogen, aber die Herbststürme sind bisher noch ausgeblieben, und die Luft riecht herb und würzig nach Pilzen, Rinde und feuchtem Laub: Das ist der Geruch der Kindheit im zögernd durch die Bäume streichenden Wind. Wieder zu Hause. Nach Hause zu kommen.

Ich bin in so vielen Städten gewesen, ich habe in so vielen Hotels und fremden Behausungen gewohnt, mal als verwöhnter, mal als geduldeter Gast, und immer mußte ich mein nur vorläufiges Quartier abbrechen und anderswo neu aufschlagen, anfangs neugierig, erwartungsvoll, später zunehmend müde, da die Wechsel kaum mehr meinen Bedürfnissen entsprangen. Die Vorläufigkeit meiner Existenz war ja nur so lange erträglich, als ich noch hoffen durfte, daß sie mich auf mein wirkliches Leben vorbereitete – das auf sich warten ließ und dann am Ende ganz ausblieb.

Nun bin ich also wieder nach Hause zurückgekehrt, und hier in Arnstadt, wo es begonnen hat, wird mein Leben enden.

Ida ruft zum Essen. »Hier bin ich schon, Liebes. Ich habe nur eben Rosalie ihren Brusttee gebracht.«

Die Tage, die sich bei der Fürstin zuletzt endlos dehnten, verstreichen nun rasch. Ich versuche, mich bei Rosalies Pflege ein wenig nützlich zu machen, da Ida, obwohl sie schon wieder schwanger ist, sich von ihren Hausmutter-pflichten nichts abnehmen läßt. Ich sticke ein wenig, auch hat Alfred mir aus Familien seiner Schüler zwei Mädchen zum Klavierunterricht vermittelt, Anfängerinnen, für die meine Fähigkeiten gut genug sind. Die Leute sind mißtrauisch: Alfred muß ihnen immer wieder versichern, daß meine gelegentlichen Anfälle von Schwerhörigkeit sich nur auf das gesprochene Wort auswirken.

Wenn mir die Hände nur nicht immer wieder zu schaffen machten! Zwischen der einen und der anderen Hand müssen auf unerklärliche Weise heimliche Botschaften gewechselt werden. Schmerzt einige Tage lang der Wurzelknochen des rechten Daumens, so darf ich mit Sicherheit erwarten, daß wenig später der linke Daumenwurzelknochen es ihm nachtun wird, und so weiter. Und das gilt nicht nur für die Finger, sondern auch für die anderen Gelenke. Welch unsichtbare Verständigung ist da ständig im Gange und sorgt in diesem schrecklichen Rhythmus für Schmerzen bald in der linken, bald in der rechten Schulter, bald im linken, bald im rechten Knie.

Doch ich denke an Mathilde und denke an Rosalie, und dann weiß ich sofort, wie wenig Grund ich habe, mich zu beklagen.

Als Kind verachtete ich das alltägliche Familienleben, nach dem ich mich zuletzt bei Mathilde in den Bergen fast krankgesehnt habe. Ein geordneter Tageslauf, gemeinsame Mahlzeiten, wiederkehrende Pflichten, die Verrichtungen der Wochentage säuberlich von denen der Sonn- und Feiertage unterschieden – der Mensch braucht nun einmal ein Gerüst, einen festen Halt. In den Bergen gestaltete nur Mathildes Willkür die Tage, die mir im Einerlei vergingen, bis ich nichts mehr hoffte, für mich nicht und für Mathilde nicht.

Sie hat meinen Abschied als Verrat empfunden, obwohl ich sie erst verließ, als sie beinahe gesund war, gesünder als ich jedenfalls. Bisher brachte die Post noch keine Zeile von ihr, obwohl ich ihr schon mehrere lange, um Versöhnlichkeit werbende Erzählbriefe schrieb. Trotz unserer langen gemeinsamen Jahre ist eben doch hier mein Zuhause, und wenn Krankheit und Alter mich einmal abhängig machen, dann will ich lieber von Alfred als von ihr abhängig sein. Ich glaube wahrhaftig, sie neidet mir die Familie! Da besitze ich etwas, das sie, die Adlige, nicht besitzt: einerseits geschieden und ohne Kontakt zur Familie ihres Gatten und zu ihren Kindern, und andererseits mit einem aussterbenden Vaterhaus und nur weitläufigen Vettern und Cousinen. Und überhaupt sind die Familienbande in unseren bürgerlichen Kreisen doch um vieles enger und herzlicher als beim Adel. Sie hat meinen Aufbruch, wie ich von gemeinsamen Bekannten erfuhr, als Entlassung auf ihren Wunsch, wenn auch natürlich in beiderseitigem Einvernehmen, kaschiert, da ich aus Gründen meiner sich verschlechternden Gesundheit beim besten Willen als Gesellschafterin nicht mehr tauge. Vor diesem Hintergrund muß ich es ihr hoch anrechnen, daß sie mir immerhin eine kleine Pension bisher regelmäßig zukommen läßt. Zwar würde ich ein kümmerliches Dasein fristen, wenn ich davon leben müßte, doch es ist ein willkommener Zuschuß zum Familienunterhalt.

Immer noch verspüre ich Erleichterung, wenngleich vermischt mit Trauer, wieder in Arnstadt zu sein. Erleichterung, wieder ein Heim zu haben, in der Heimat zu sein. Trauer, daß ich es mit meinem Leben um nichts weiter gebracht habe als so viele andere Frauen auch. Selbstbewußt und siegessicher war ich vor vielen Jahren aufgebrochen, begleitet von den Hoffnungen und guten Wünschen meiner ganzen Familie, die Großes und Besonderes von mir erwartete; kleinlaut, arm und kränkelnd, die besten Jahre des Lebens hinter mir, bin ich zurückgekehrt und im Hause meines Bruders untergekrochen.

»Teure Jenny«, sagt der tröstend, »laß den Kopf nicht hängen, dein prächtiges Lockenköpfchen!« Als wäre ich nicht die beinahe Vierzigjährige mit der bitteren Welterfahrung, sondern noch das junge Mädchen von damals. »Auch wenn es etwas eng wird bei uns – was gibt es Schöneres für den Bruder, als die Schwester stützen zu können!«

Wie anders ist dagegen Rosalies Empfang gewesen. »Da ist ja unsere berühmte Schwester wieder, unsere große Diva«, spottete sie aus dem Bett heraus, das sie schon seit Monaten nicht mehr verlassen kann. »Sie läßt sich also wieder zu uns herab, sie, die nur mit Fürsten und Grafen, mit den Reichen und Großen der Welt verkehrte.« Aber Rosalie ist sehr krank. Zu ihrem alten Nervenleiden hat sich eine fiebrige Lungenkrankheit gesellt; da muß ich ihr die gehässigen Bemerkungen nachsehen.

Ich bin immerhin ehrlich genug, liebe Rosalie, mir einzugestehen, daß mein Wunsch, nach Hause zurückzukehren, der Sehnsucht nach der verlorenen Kindheit entsprang. Da bin ich also wieder. Da bin ich, und da sind auch die anderen alle – oder fast alle. Mutters Grab ist ja schon lange eingewoben in den alten Friedhof; immer in Gefahr zu verwuchern, braucht es ständige Pflege und Beachtung. Der kleine Bruder Alfred ist zum großen Bruder geworden, und die bewunderte Eugenie von damals zur unverheirateten Tante, die des Bruders Schutz bedarf. Die anderen Brüder sind fort, verheiratet, mit Frauen und Kindern nur noch gelegentliche Besucher an hohen Festtagen. Alle haben es zu einer Familie gebracht, nur Rosalie und ich nicht. »Etwas muß falsch gewesen sein an eurer Erziehung«, hat Vater neulich kopfschüttelnd gesagt. »Ich habe eurer Mutter stets widersprochen, wenn sie düster prophezeite: So werden sie nie einen Mann bekommen. Und nun soll sie doch recht behalten. Bei Rosalie ist es noch zu verstehen, wegen ihrer Krankheit, aber bei dir? Wie konnte eine so reizvolle, kluge und charakterstarke Frau allein bleiben?« Immer ist bei Rosalie »die Krankheit« Erklärung und Entschuldigung für alles gewesen, sie hat ihr vierzig Jahre zum Lebensinhalt gereicht. Ohne daß sie sich je um etwas bemühen mußte und auch nur einen Schritt vorwärts gewagt hätte, hatte sie immer diese Aura des Besonderen, eben die Krankheit.

Und wo ist der Vater von früher geblieben, der prächtige alte Mann mit dem weißen Haar, den ich in Erinnerung hatte? Früher mußte ich ihn vor der Welt beschützen und verteidigen, niemand verstand ja seine innere Größe; inzwischen ist er alt und eigenbrötlerisch, merkwürdig starrköpfig geworden. Er plagt Ida mit seinen Launen und äußert die sonderbarsten Ansichten zu politischen und sozialen Fragen – wenn er nicht gerade schläft, was sehr häufig der Fall ist. Darin ähnelt er dem neuen und liebenswürdigen Familientyrannen, der ihm die Herrschaft im Haus streitig macht: Baby Ernst, der Stammhalter, um dessen Gitterbett wir uns täglich lächelnd versammeln. Bruder Alfred, inzwischen mit beträchtlichem Embonpoint, ein stattlicher Mann, sagt man in der Stadt, ist ein selbstbewußter Familienvater, und Ida, die Tochter seines Rektors, sicher eine ausgezeichnete Partie, gewiß auch eifrig und nett – aber doch so eine ganz andere Frau, als ich sie mir für ihn immer vorgestellt hatte, so lächerlich jung und in allen Gesprächen, mangels Bildung und Erfahrung, von vornherein seiner Meinung.

So wird die Rückkehr in die versunkene Zeit mir zum Zerrspiegel, der unbarmherzig nur mein eigenes alterndes Selbst enthüllt.

Vormittags – wenn Rosalie nicht ruft, wenn Vater nicht nach meiner Begleitung für seinen Spaziergang verlangt – finden sich manchmal zwei, drei Stunden, in denen ich mich in meiner Schlafstube verkrieche und schreibe. Ich habe Alfred »Schulmeisters Marie« vorgelesen, er hat die Novelle als »recht ordentlich« anerkannt, ohne sie so überschwenglich zu loben wie seinerzeit Herr von K.; auch hat er mich auf einige Schwächen im Aufbau und stilistische Mängel aufmerksam gemacht. Ich habe ihm von meiner Idee zu einer neuen Geschichte erzählt, die sich um die Klosterruine rankt, in der wir als Kinder gespielt haben, wo wir immer den unterirdischen Gang gesucht haben mit den zwölf Aposteln, den versteckten Schatz. »Ein recht artiges Motiv«, hat Alfred gesagt, »gewiß nicht ohne Reiz – aber willst du nicht lieber deine Erinnerungen an die Zeit bei Hofe aufzeichnen? Das könnte für die Kinder, wenn sie etwas älter sind, von größtem Gewinn sein.«

Die Idee zu der Geschichte mit den Zwölf Aposteln ist mir auf einem der Spaziergänge mit Vater gekommen. Er bewegt sich so langsam fort und fast immer schweigend. Und vielleicht, weil er in früheren Jahren zu oft allein gegangen ist, verlangt er auf seine seltenen Bemerkungen keine Antwort, nimmt sogar Gegenrede meist nicht einmal zur Kenntnis, so daß meine Gedanken, sich selbst überlassen, bald zu schweifen beginnen. »*Am äußersten Ende einer kleinen mitteldeutschen Stadt, da wo die letzten Gäßchen steil den Berg hinaufklettern…*«[42]

»Jetzt errichten sie also ein Solbad in Arnstadt«, sagt Vater unvermittelt. »Wofür ein Solbad? Arnstadt soll als Sommerfrische an Bedeutung gewinnen. Was soll das heißen? Unser Fürstenhaus hat jahrelang hier die Sommermonate verbracht, auch ohne Solbad. Hast du die neue Fabrik im Tal gesehen? Der üble Geruch aus diesen Schornsteinen, Tag und Nacht.« Er bleibt stehen, stößt mit dem Stock auf den Boden, beschreibt zornige Kreise in der Luft. »Ich will dir etwas sagen: Die neue Zeit stinkt!« Wirklich leidenschaftlich werden die Ausbrüche des sonst so in sich gekehrten Mannes, wenn er auf die neugebaute Eisenbahn zu sprechen kommt. »Wie dieses Ungeheuer die Luft verpestet. Vom bloßen Hinsehen wird einem schwindelig. Es macht die Pferde scheu, so daß man sich seines Lebens in der Postkutsche nicht mehr sicher ist. Ich verstehe die Menschen nicht, die sich diesem Ding ausliefern und die furchtbaren gesundheitlichen Schädigungen in Kauf nehmen. Die Geschwindigkeit verursacht Wallungen und Blutsturz.«

»Das ist ein Gerücht, Vater«, mische ich mich nun doch ein, »man sitzt recht sicher und bequem darin, und die Eisenbahn beschleunigt und erleichtert den Verkehr zwischen den Städten.«

»Laß mich nicht solchen Unsinn hören, Eugenie! Erleichterung! Beschleunigung! Wer dringende Geschäfte hat, kann wohl auch drei Tagereisen in der Postkutsche zubringen, und wer keine hat, soll zu Hause bleiben.«

Ich wage keine weitere Widerrede, und meine Gedanken wandern zurück zur Klosterruine, die jetzt in der Sonne vor uns liegt. »*Am äußersten Ende einer kleinen mitteldeutschen Stadt, da wo die letzten Gäßchen steil den Berg hinaufklettern, lag das große Nonnenkloster.*«[42]

»Laß uns umkehren, Eugenie«, sagt Vater jetzt, »diese Steigung ist doch zuviel für meine Jahre.«

»*Es war ein unheimliches Gebäude mit seinen eingesunkenen Fenstern, seinen kreischenden Wetterfahnen und den unaufhörlich um den First kreisenden Dohlenschwärmen. Aus dem Mauergefüge quollen dicke Grasbüschel, und zwischen den zerbröckelten Steinzieraten über dem gewölbten Torweg nickte ein kleiner Wald von Baumschößlingen.*«[43] Da irgendwo soll eine alte Frau wohnen, und bei ihr taucht plötzlich ein fremdes junges Mädchen auf, ihre Nichte Magdalene, von fremdartiger südlicher Schönheit…

Abends, als Vater gleich nach dem Essen zu Bett gegangen und Rosalie versorgt ist, berichte ich Alfred und Ida schmunzelnd von seinem Ausfall gegen die Eisenbahn. Zu dieser Stunde liest Alfred uns meist aus der Zeitung vor, während Ida und ich handarbeiten, aber am Ende ist es nur noch Ida, die stickt und näht, während ich längst Nadel und Faden beiseite gelegt habe, um mit Alfred in eine lebhafte Diskussion einzutreten.

So habe ich meinen Platz in der Familie wiedergefunden, als Zuschauerin, Beobachterin, immer am Rand. Es geht mir gut, nachdem ich meinen falschen Ehrgeiz begraben und mich in meine Stellung gefügt habe. Für meine Erfahrungen draußen habe ich einen hohen Preis, den der Einsamkeit, zahlen müssen, und vielleicht bin ich nur knapp dem furchtbarsten Schicksal, der Entwurzelung, entkommen. Nicht um Ruhm, nicht um Geld, um nichts würde ich jetzt mein Tantendasein mit dem Leben der ruhelos herumirrenden Fürstin vertauschen wollen.

Die Expertenrunde III:
Die Werkstatt der Dichterin

Die Herren haben ihr Mittagessen, das ebenso gut wie reichlich war – eingangs fette Bouillon, als Hauptspeise, wie zu
erwarten, Schweinebraten mit Rotkohl, dazu Thüringer
Klöße, anschließend eine ausgezeichnete süße Mehlspeise –,
innerhalb einer Stunde beendet und wechseln zögernd vom
Speisezimmer wieder in den Salon hinüber.

»Ich werde veranlassen, daß man uns den Kaffee hier serviert«, kündigt der Herr Vorsitzende der GESELLSCHAFT
FÜR TRIVIALITÄT UND TRANSZENDENZ an, während sich der
Herr von der Literaturwissenschaft, verstohlen gähnend,
nach einer bequemeren Sitzgelegenheit umsieht – vergeblich.
Alle fühlen sich etwas schläfrig und träge: das bekannte Phänomen der Nach-Tisch-Stupidität. »Gönnen wir uns doch,
bis der Kaffee fertig ist, eine kleine Pause«, schlägt der Herr
Vorsitzende vor. »Ich könnte Ihnen, falls es Sie interessiert,
das Arbeitszimmer unserer Dichterin zeigen. Es wurde ganz
in seinem damaligen Zustand belassen. Das Haus und insbesondere das Arbeitszimmer werden von meiner Gesellschaft,
die hier auch ihr zentrales Büro hat, gewissermaßen museal
verwaltet.«

»Mit dem größten Vergnügen!« ruft der Herr von der »Gartenlaube«. »*Es gibt nichts Interessanteres als einen Blick zu
werfen in die geistige Werkstätte eines Dichters, aus der das
funkelnde Gold der Dichtung in wunderbar getriebenen Formen heraus in die Welt tritt...*«[44]

Auch die anderen Herren schließen sich der Führung bereitwillig an.

»Bei Ihrem Besuch im Jahre 1869 können Sie ja nur das alte

Johnsche Haus im Tal kennengelernt haben«, erläutert der Herr Vorsitzende, an den Herrn von der »Gartenlaube« gewandt, »während wir uns hier im Dichterschlößchen ›Marlittsheim‹ befinden, auf dem Hügel, der die Hohe Bleiche heißt, damals am Rande Arnstadts gelegen. Wie Sie wissen, hat E. Marlitt dieses Haus von den Honoraren für die ›Reichsgräfin Gisela‹ erbaut, die ihr Ernst Keil vollständig überließ. Das Arbeitszimmer wurde im Erdgeschoß eingerichtet, weil sie bereits als Invalidin im Rollstuhl hier einzog.« Am Fuß der Treppe zieht der Herr Vorsitzende ein Schlüsselbund und öffnet die hohe Doppelflügeltür.

Sie betreten ein geräumiges Eckzimmer, dessen Fenster nach Norden und Osten gehen. Der Blick wird sofort von dem großen Schreibtisch gefangen. »Ein Geschenk Keils«, erläutert der Herr Vorsitzende, nähertretend. »Etwas derb für Damendienst«, meint der Herr von der »Gartenlaube« staunend. Sie bewundern den kostbaren alten Schreibtisch, der schon zu seiner Zeit ein wertvolles Möbel gewesen sein muß, kunstvoll ausgelegt, mit Aufsatz und Kommode, blinkenden Messingbeschlägen. »Alles sehr gut erhalten und gepflegt«, sagt der Herr von der Psychoanalyse anerkennend, »kein Staubkörnchen – man könnte meinen, er würde noch benutzt.«

»Hier«, sagt der Herr Vorsitzende und weist auf den glastürverschlossenen Mittelschrank des Aufsatzes,» bewahrte sie ihre Tagebücher und andere Erinnerungsstücke auf.« Vor dem Schreibtisch steht der braungepolsterte Rollstuhl, ein solides Möbel. »Sie arbeitete in der Regel vormittags«, erinnert der Herr von der »Gartenlaube« eifrig. »Sie stand mit der Morgensonne auf – und Morgensonne bekam sie durch dieses Fenster.« Der Herr von der Literaturwissenschaft nimmt Stück für Stück der schweren Schreibtischgarnitur in die Hand, wiegt die Teile mit zweifelndem Gesicht in der Hand, Tintenfaß, Schreibrinne, Löschrolle – Marmor und Leder.

»Ein Geschenk der Fürstin«, erläutert der Herr Vorsitzende.

»Der Arbeitsplatz ist ganz so belassen, wie er 1887 bei ihrem Tod aussah.«

Auf der Schreibtischplatte: der Hofkalender, andere Kalender, eine Uhr, ein Thermometer, ein Fernglas. »Ein Fernglas?« fragt der Herr von der Psychoanalyse neugierig. »Sie konnte doch kaum mehr das Haus verlassen... Aha, wie interessant!« Und er tritt näher an das Fenster, wo links über der Marmorkonsole des Schreibtisches in günstigem Winkel ein Spiegel befestigt ist. »Natürlich: ein ›Spion‹«, sagt der Herr von der »Gartenlaube« schmunzelnd. »So nennen wir diese Vorrichtungen. Das ist nichts Ungewöhnliches. Alle Damen benutzen sie hinter den Gardinen ihrer Salons – wie könnten sie sonst wissen, was auf der Straße vor sich geht?«

»In der Tat«, erwidert der Herr von der Psychoanalyse, »sie hat von ihrem Schreibtisch aus einen guten Überblick gehabt über alles, was sich im Garten tat und was sich auf der Allee von weitem näherte.« Es sind Linden, eine Lindenallee.

Der Herr von der Literaturwissenschaft hat sich inzwischen in einem bequemen, ebenfalls braungepolsterten Lehnstuhl in der entgegengesetzten Zimmerecke niedergelassen, neben dem großen weißen Kachelofen. »Sie tun ja fast, als ob wir hier im Goethe- oder Schillerhaus wären!« bemerkt er verächtlich und weist auf die frischen Schnittblumen, die an drei verschiedenen Stellen in Vasen stehen.

»Eine alte Sitte«, sagt der Herr Vorsitzende entschuldigend, »weil Bruder Alfred ihr jeden Tag frische Blumen brachte. Wir möchten, daß für unsere Besucher ein lebendiger Eindruck entsteht. – Sie haben jetzt übrigens dort Platz genommen, wo bis zu seinem Tode im Jahr 1873 oft der alte Vater der Dichterin zu sitzen pflegte, still und zufrieden, während sie, mit dem Rücken zu ihm, arbeitete.«

Der Herr von der Psychoanalyse betrachtet eingehend die

Bilder, die an der braun und weiß gemusterten Wand hängen, nacheinander und aus der Nähe. »Hier der Vater«, erklärt der Herr Vorsitzende, »drüben die Mutter, das hier sind die beiden Brüder, und hier die 1866 verstorbene Schwester Rosalie. Diese beiden kleinen Bilder, auf Elfenbeingrund, hat Vater John selbst gemalt. Das efeuumrankte Foto auf dem kleinen Schreibtisch stellt Ernst Keil dar. Darüber ein Bildnis der Fürstin, es trägt die Widmung: ›E. Marlitt, als Zeichen freudiger Anerkennung für erfolgreiches Streben auf jüngst betretener Bahn. Mathilde‹ – aus dem Jahre 1866.«[45]
Der kleine Schreibtisch ist vollgestellt mit Nippes: Kasten und Kästchen, Bildergestelle mit Landschaftsansichten, Bayern zumeist, verschiedene Zeitschriften, Bücher, Gerätschaften. Während der Herr von der Psychoanalyse verschiedene Gegenstände einer aufmerksamen Betrachtung unterzieht und der Herr von der »Gartenlaube« hingerissen vor einem großen Ölporträt der Marlitt steht, erprobt der Herr von der Literaturwissenschaft das bequeme Sofa in der anderen Zimmerecke. »Dort«, erklärt der Herr Vorsitzende mit feierlicher Stimme, »fanden die abendlichen Lesungen im Familienkreis statt, wenn sie einen Roman beendet hatte. Sehen Sie hier den Manuskriptkasten – den Schlüssel zu dem gelben Hängeschloß trug sie immer an ihrem Hals. Niemand durfte je eine Seite von dem lesen, was sie gerade schrieb, bevor die Arbeit abgeschlossen war.«
»O ja, die Leseabende, ich erinnere mich«, ergänzt der Herr von der »Gartenlaube« ehrfürchtig. »Ein Fest für die ganze Familie. Bruder und Schwägerin schmückten dieses Zimmer über und über mit Blumen, und die Sitzecke wurde so hergerichtet, daß den ganzen Abend keine Störung mehr notwendig wurde; hier auf dem Tischchen fanden sich in Reichweite Bier, Tee, Gebäck und Bruder Alfreds Zigarren. Frau Ida hatte auf dem Sofa ihren Platz, sie mußte eine Handarbeit nehmen, denn es irritierte E. Marlitt, wenn sie untätig dasaß;

es machte sie nervös. Allerdings durfte sie nur so tun, als ob sie handarbeitete, denn das leiseste Geräusch hätte die Dichterin, die den beiden hier im bekränzten Rollstuhl gegenübersaß, ebenfalls gestört. Ich sehe es vor mir, als wäre ich dabeigewesen, denn Herr Keil hat uns oft davon erzählt, und er wiederum kannte die Szene genau aus Herrn Alfred Johns Schilderung. Sie las einen Roman an etwa drei oder vier Abenden vor; die Lesungen begannen nach dem Abendbrot. Die Dienstboten wurden für den Abend entlassen oder hinauf in ihre Stübchen geschickt, und die Kinder, die schon älter waren, durften im entlegenen Teil des Hauses lange aufbleiben und spielen; sie spielten Lotto und erhielten zur Feier des Tages von der verehrten Tante besonders hübsche Gewinne: Süßigkeiten, Obst, Kuchen, kleine Geschenke. Anschließend mußten sie dann allein zu Bett gehen. Es muß wunderbar gewesen sein«, erzählt der Herr von der »Gartenlaube« mit träumerischer Stimme. »Wie sie hier saß, wo ich jetzt stehe, und mit ihrer lauten, klangvollen Stimme vorlas, bestrickend, stundenlang, während die beiden ihr atemlos zuhörten, bis etwa gegen Mitternacht. Sie brach dann immer jeweils sehr abrupt an der spannendsten Stelle ab – die Fortsetzungstechnik unserer ›Gartenlaube‹ – und sagte vergnügt: Morgen weiter!«

»Genau so war es«, bestätigt der Herr Vorsitzende von der GESELLSCHAFT FÜR TRIVIALITÄT UND TRANSZENDENZ mit einem hintergründigen Lächeln.

Der Herr von der Literaturwissenschaft, der sich diese Ausführungen mit halbgeschlossenen Augen angehört hat, sehnt sich nach einer Zigarette. »Ich meine, wir sollten mit der Arbeit fortfahren«, sagt er eindringlich. Seine Zigaretten befinden sich nämlich im Salon im ersten Stock. Der Herr Vorsitzende nickt zustimmend, nacheinander verlassen sie das Arbeitszimmer, das er sorgfältig wieder hinter ihnen verschließt.

»*Diese rauschenden Erfolge*«, sagt der Herr von der »Gartenlaube« sehnsüchtig, »*das gesammte Publicum der ›Gartenlaube‹ zum Auditorium zu haben und dann seine Romane in unglaublich rasch aufeinanderfolgenden Auflagen immer und immer wieder vergriffen und sie in fast alle lebenden Sprachen übersetzt zu sehen, das sind Erfolge, die selbst auf die Anspruchslosesten eine berauschende Wirkung ausüben könnten.*«[46] Ich versuche mich nämlich selbst ein wenig in der Schriftstellerei, müssen Sie wissen«, vertraut er auf der Treppe halblaut dem Herrn von der Psychoanalyse an. »Vielleicht haben Sie hier und da einmal eine meiner kleinen Landschaftsskizzen und Reisebeschreibungen in der ›Gartenlaube‹ gesehen? Kleine Versuche, ich habe kein Zeug zum Genie. Und doch würde ich gern ihre Biographie schreiben: ›E. Marlitts Leben und Wirken.‹ Wie muß ihr beispielsweise an jenem Schicksalstag zumute gewesen sein, als sie die ersten beiden Manuskripte, ›Schulmeisters Marie‹ und ›Die zwölf Apostel‹, an Herrn Keil sandte? ›*Meine armen Kinder, wie wird es euch ergehen?*‹[47] soll sie ihrem Bruder aus dem Fenster nachgerufen haben, der das Paket für sie zur Post trug. Und dann der andere, der große Tag, an dem Bruder Alfred jubelnd zu ihr in die Stube geflogen kam, den schon erbrochenen Glückwunschbrief des Herausgebers der ›Gartenlaube‹ in der Hand!«

Auf dem Tisch im Salon ist der Kaffee bereits warmgestellt, und der Herr von der Literaturwissenschaft greift begierig – »Nach all dem Kitsch!«, wie er leise murmelnd bemerkt – nach seinen Zigaretten. Rauchend, selbstzufrieden, betrachtet er sich in dem alten Wandspiegel an der Stirnseite des Raumes, der sein Bild in voller Größe wiedergibt. Nun ja, der Bauch, aber wenn er ihn etwas einzieht, sieht er doch recht gut aus, jedenfalls wie einer, der etwas erreicht hat im Leben, der etwas darstellt.

»Ein herrliches Stück, dieser Spiegel«, sagt er hastig zum

Herrn Vorsitzenden, dessen merkwürdigen Seitenblick er plötzlich spürt, »hervorragend gearbeitet.«

»Waren solche großen Wandspiegel in den bürgerlichen Salons der Epoche eigentlich üblich?« erkundigt sich der Herr von der Psychoanalyse.

»Er wird wohl auch ein Geschenk an Frau Marlitt gewesen sein«, erwidert der Herr Vorsitzende der GESELLSCHAFT FÜR TRIVIALITÄT UND TRANSZENDENZ anstelle einer Antwort, während er wieder auf seinem Stuhl, den Spiegel im Rücken, Platz nimmt. Auch die anderen Herren nehmen ihre Sitze wieder ein.

»Nachdem wir uns heute morgen überwiegend mit literaturwissenschaftlichen Aspekten auseinandergesetzt haben, sollten wir jetzt die eher psychologischen Momente in den Mittelpunkt stellen, die Frage nach Erfolg und Mißerfolg, nach der Motivation und nach der Bedeutung des Schreibens für die Autorin.«

Männer

»Darf ich hereinkommen, Eugenie? Ich sehe, du arbeitest. Ich werde gewiß nicht stören, nur ein wenig ruhig bei dir sitzen.«

Schon wieder der Vater. Er hat den Kopf durch die geöffnete Tür gesteckt, und als ich herumfahre, winkt er geheimnisvoll mit der Hand ab. »Laß dich nicht stören! Laß dich nur nicht stören!« Er tritt auf Zehenspitzen ganz herein und läßt sich wortlos, ohne meine Antwort abzuwarten, in den Lehnstuhl an der rückwärtigen Wand fallen. Das hat er sich in den letzten Wochen so angewöhnt – statt seines Morgenspaziergangs –, und nun sitzt er einen über den anderen Tag dort, manchmal zwei, drei Stunden lang. Es ist wahr, er beginnt keine Unterhaltung, er stört mich mit keinem Wort, aber dennoch irritiert mich sein Schnaufen, sein lautes Atmen in meinem Rücken, das um so aufdringlicher klingt, je mehr er sich bemüht, es zu dämpfen. Es ist zum Verzweifeln, zumal ich an einer so schwierigen Stelle bin, die all meine Konzentration erfordert!

Warum malt er nicht mehr? Noch vor einem Jahr hat er gemalt, gelegentlich zumindest, kleinere Skizzen und Aquarelle. Seine Hände zitterten, behauptet er, und seine Augen seien nicht in Ordnung, Linien und Farben würden ihm auf dem Papier verschwimmen. Fünfundsiebzig Jahre, sagt er, irgendwann muß Schluß sein. Und warum geht er nicht mehr spazieren? Ich kann ihn nicht begleiten, meine Knie sind seit Tagen wieder steif und schmerzen. Früher hat er seine tägliche Runde doch auch ohne mich absolviert. Er könnte mit Klein-Ernst gehen; er könnte Klein-Ernst zur Schule bringen, von der Schule abholen. Warum muß er ausgerechnet da sein, wo ich arbeite, in dem einzigen bescheidenen Winkel, den ich für mich gefunden habe, um ungestört zu sein, und neben der Tür sitzen und geräuschvoll atmen?

»Wie innig der Vater an dir hängt!« bemerkt Alfred öfter, sagen auch Hermann und Max, wenn sie zu Besuch kommen. »Natürlich, du warst immer sein Liebling.«

»Nun bist du berühmt, wie er es sich gewünscht hat. Sein Traum ist wahr geworden«, ergänzt Ida. Da bleibt mir wohl nichts anderes übrig, als mich geduldig in seine geräuschvoll schweigsame Anwesenheit zu fügen.

Sonderbar, als ich ein kleines Mädchen war, hat eine ähnliche Situation den allergrößten Reiz für mich gehabt: Mein Vater steht beim Fenster an seiner Staffelei, malend – so wie ich jetzt schreibend am Fenster sitze –, und das kleine Mädchen Eugenie kauert mit seiner Puppe im Hintergrund, dicht bei der Tür, da, wo jetzt Vater mit seiner Pfeife sitzt.

»Daß du mir mucksmäuschenstill bleibst«, mahnte er mich damals, »sonst mußt du anderswo spielen!« Und das kleine Mädchen hockte stundenlang fast unbeweglich in der Ecke, wagte nur ab und an, die Puppe vorsichtig vom einen in den anderen Arm zu legen – alles für das unerhörte Glück, bei ihm sein zu dürfen, während er arbeitete. Er war ganz nah und doch unerreichbar. Heute zieht Vater schweigend im Lehnstuhl neben der Tür an seiner kalten Pfeife, weil ich ihm erklärt habe, daß ich den Tabaksqualm bei der Arbeit nicht vertrage.

Ich will gewiß nicht ungeduldig und unfreundlich sein. Niemand ist glücklicher als ich, daß mein Vater das Erscheinen der »Goldelse« und der »Alten Mamsell« noch miterleben durfte. Wer weiß, wie lange er uns noch erhalten bleibt. Doch ich gestehe, daß sein Altern mir zu schaffen macht, die Veränderung seines Wesens, die das Altern mit sich bringt.

Wir, Alfred, Ida und ich, kennen ihn als Sonderling und

wissen sein manchmal ungewöhnliches Verhalten einzuschätzen. »Die Mutter hat ihn wohl zu sehr verwöhnt«, meinte Alfred im Vertrauen zu mir, »sie hat ihn zu wenig in das Familienleben einbezogen, zu sehr in der Rolle des genialen Eigenbrötlers bestärkt. Nun ist er zu alt, sich zu ändern, und wir wollen seine Eigenheiten liebevoll ertragen.«

Als Ernst Keil im Sommer mit seiner Familie bei uns zu Besuch war, habe ich mich Vaters wegen doch ein bißchen geschämt. Er mußte sich gerade bei diesem für mich so wichtigen Anlaß von seiner schroffsten und ungeselligsten Seite zeigen. Seine merkwürdigen Ansichten sind weit weniger störend als diese apodiktische Art, in der er sie vorträgt. Stundenlang sitzt er schweigend da, beteiligt sich nicht am Gespräch, selbst wenn man ihm Fragen stellt und ihn einzubeziehen sucht, um dann plötzlich den Mund zu öffnen und die sonderbarsten Behauptungen aufzustellen, im Brustton der Überzeugung. Danach läßt er sich auf keine weitere Diskussion ein; der geringste Anschein einer Widerrede erbost ihn und führt zu seinem vollständigen Verstummen.

Die illustrierte Zeitschrift sei etwas für Halbgebildete, äußerte er ganz unvermittelt, als wir mit Familie Keil beim gemeinsamen Mittagessen im Gesellschaftsgarten saßen. Es war nach den Begrüßungsworten die erste Bemerkung, die er überhaupt machte, und Ernst Keil erstarrte sichtlich. Er hatte uns gerade von der Vorgeschichte der »Gartenlaube« erzählt, von den unruhigen Zeiten im Vormärz, als er die Zeitschrift »Leuchtturm« herausgab und aus politischen Gründen sechsmal innerhalb von drei Jahren den Verlagsort und viele Male den Namen der Beilage wechseln mußte und dennoch später einer Inhaftierung als »Staatsverbrecher« in der Feste Hubertusburg nicht entging, wie er sechs Monate dort in Gefangenschaft gesessen und wie es ihm dank der Hilfe eines freundlichen Wärters gelungen war, aus der Zelle heraus den »Illustrierten Dorfbarbier« zu redigieren. Zusammenhanglos, mitten in eine ausdrucksvolle Erzählpause hinein, machte Vater seine abfällige Bemerkung. Zwar bemühten Alfred und ich uns sogleich, die Situation zu glätten, indem wir Vaters Satz interpretierten und modifizierten: »Du meinst sicher, wenn eine Zeitschrift nur noch unterhaltende Beiträge enthält...?« Und: »Du willst damit sagen, daß Wort und Bild sehr sorgfältig aufeinander abgestimmt werden müssen, nicht wahr?« Doch Vater wiederholte stur seine Behauptung: »Illustrierte Zeitschriften taugen grundsätzlich nichts. Lesefutter für Halbgebildete.« Danach sprach er kein Wort mehr, obwohl Keil, der sich rasch gefaßt hatte, ihn sehr freundlich bat, seine Ansicht näher zu erläutern. Er brummte nur, ohne die Pfeife aus dem Mund zu nehmen. Kaum war die Unterhaltung über diese peinliche Unterbrechung hinweg wieder in Gang gekommen – Keil fuhr mit seiner Lebensgeschichte fort –, da erhob der Vater sich abrupt, erklärte, müde zu sein, und wünschte nach Hause begleitet zu werden. Es gab ein Hin und Her, und da er einerseits nicht zum Bleiben zu bewegen war, andererseits aber auch nicht gut allein gehen konnte, mußte Ida ihn zurückgeleiten, die doch viel lieber noch länger mit uns im Grünen gesessen und mit Frau Keil geplaudert hätte.

»Sie müssen entschuldigen«, bat Alfred eilig, sobald die beiden sich entfernt hatten, »unser Vater wird mit zunehmendem Alter ein wenig schwierig...«

»Aber ich bitte Sie«, erwiderte Keil und wischte sogleich den kleinen Schatten weg, der auf unserer sonst so heiteren sommerlichen Unternehmung lag. »Ihr Herr Vater ist ein erstaunlicher Mensch: noch so rüstig und gut beisammen, nach allem, was er durchgemacht haben muß! Ein prächtiger alter Herr! Lassen wir ihm doch getrost seine Meinung, die aus einer anderen Zeit stammt.«

Ich atmete erleichtert auf. Es hätte mich tief getroffen, wenn

Vaters grobe Äußerung, die Keil doch auf sein Lebenswerk, die »Gartenlaube«, beziehen mußte, ihn verletzt hätte. Welches Glück für mich, in diesem wunderbaren Menschen meinen Verleger gefunden zu haben! Zumal er mich häufig genug spüren läßt, daß er mich nicht nur als Autorin, sondern auch menschlich schätzt, mit seinen üppigen Blumenbouquets, seinen liebenswürdigen Briefen! Dabei reißen sich so viele namhafte Autoren darum, in seinem Blatt schreiben zu dürfen. Ich bewundere und verehre ihn von ganzem Herzen. Er ist nur ein knappes Jahrzehnt älter als ich, ein charakterstarker und selbstbewußter Mann, der sich durch die vielen Widrigkeiten in seinem Leben nicht hat besiegen lassen; immer und immer wieder hat er sich aufgerafft und ist für seine Ideale in die Schranken der öffentlichen Arena getreten; ein aufrechter Liberaler, treusorgender Familienvater von drei reizenden Töchtern und obendrein ein tüchtiger Geschäftsmann, so sagt mir Alfred, dem aber sein materieller Erfolg keineswegs in die Wiege gelegt wurde. Er hat darum gekämpft und ihn sich verdient. Die Auflage der »Gartenlaube« hat er nach der Krise von 1866, als sie unter der preußischen Besatzung vorübergehend nicht erscheinen durfte – was haben wir da gezittert, Alfred und ich –, wieder auf über 200 000 Abonnenten steigern können. In seinem Verlagshaus, in Druckerei und Buchbinderei arbeiten mehr als einhundert Angestellte. Und obwohl er inzwischen recht vermögend sein muß, lebt er bescheiden gutbürgerlich, mit kaum größerem Aufwand als wir im Hause John. Für die beginnende freundschaftliche Beziehung zwischen unseren Familien spielt sicher nicht nur die Übereinstimmung in unseren Idealen und Zielen eine Rolle, sondern auch die Tatsache, daß er gebürtiger Thüringer ist, aus Langensalza.

»Unser geliebtes Thüringen!« pflegt er zu sagen. »Der von uns beiden so geliebte Thüringer Wald! Wie froh bin ich, daß er durch Ihre Erzählungen unsterblich wird.« Keils Anerkennung bedeutet mir mehr als die irgendeines anderen Menschen. »Eine Autorin wie Sie, liebe E. Marlitt – Sie erlauben, daß ich Sie bei Ihrem klangvollen Künstlernamen nenne –, habe ich immer gesucht. Sie schreiben ganz so, wie ich selber würde schreiben wollen, wenn mir neben meinen anderen Geschäften noch die Muße dazu bliebe – aber natürlich würde ich es nicht können. Darf ich Ihnen hier meinen frühen kleinen Novellenband ›Melancholie‹ verehren, kleine Liebesgeschichten, nicht zu vergleichen mit Ihren großartigen Gemälden. Sie schreiben nicht nur fesselnd, sondern auch mit Feuer für unsere liberalen Ideale, Sie schreiben zugleich mit Wärme für das menschliche Geschick. Alle hohen und edlen Gefühle werden beim Lesenden angesprochen. So kann nur eine Frau schreiben! Eine Frau, die bei sehr viel klarem Verstand und starkem Gefühl ein edles Streben nach hohen Zielen in sich trägt und ihre weibliche Natur beim Schreiben nicht verrät.«

Glücklicherweise schätzen auch er und Alfred sich gegenseitig. Keil hat seine jüngste Tochter nach meinem Buch »Silberelse« genannt und im Mai das beklagenswerte Brüderchen unseres kleinen Ernst aus der Taufe gehoben. »Wissen Sie, liebe E. Marlitt«, meinte er bei seinem letzten Besuch, »das Haus im Tal ist wirklich entschieden zu klein für Sie und Ihre große Familie. Erlauben Sie, daß ich noch heute Ihren Herrn Bruder beiseitenehme und ein wenig geschäftlich mit ihm rede. Sie sollen die Einnahmen aus dem neuen Roman, an dem Sie zur Zeit arbeiten, vollständig erhalten, nicht nur das übliche Honorar für den Abdruck in der ›Gartenlaube‹, sondern auch die Einnahmen aus sämtlichen späteren Buchauflagen, damit Sie sich endlich ein etwas bequemeres Haus bauen können. Ich will das gleich nach dem Essen mit Herrn Alfred John besprechen und vertraglich regeln, wenn es Ihnen recht ist.«

Der liebe gute Freund! Da verzichtet er auf seinen eige-

nen verlegerischen Gewinn, damit wir ein Haus bauen können! Wir werden ein neues großes Haus haben! »Vielleicht«,
setzte Keil noch lächelnd hinzu, »ist das ja auch ein kleiner
Anreiz für Sie, mit der Arbeit beschwingt fortzufahren.«
Da hat er in der Tat einen wunden Punkt berührt: Ich komme
in letzter Zeit nicht genug zum Arbeiten. Niemand leidet
mehr darunter als ich, daß dieses ganze Jahr 1868 verstreichen wird, ohne daß sich auch nur eine Zeile von mir in der
geliebten Zeitschrift findet. Als im Herbst 1865 »Die zwölf
Apostel« erschienen, lag die »Goldelse« schon fertig in meiner Schublade, und Keil begann den Abdruck mit dem ersten
Heft des Jahres 1866. Im darauffolgenden Jahr kam dann
»Das Geheimnis der alten Mamsell« – jetzt liegt der Roman
seit dem Frühjahr als Buch vor, und ich bin noch immer weit
zurück mit dem neuen Roman.
»Wir müssen Anfang des neuen Jahres die erste Fortset-
zung bringen«, mahnt Keil, und auch Alfred drängt darauf,
daß ich mich jeden Morgen pünktlich an den Schreibtisch
setze.
Dieses Jahr brachte mir zugleich mit dem reichlichen äußeren Beifall eine Kette von Störungen: Da war Idas Nieder-
kunft im Frühjahr, nach den beiden voraufgegangenen Fehl-
geburten ängstlich und sehnsüchtig von uns allen erwartet,
und kaum hatte sich die Aufregung gelegt, da kamen die
Krankheit und der Tod des kleinen Jungen. Verständlicher-
weise drehte sich alles nur um Ida, Alfred hatte nur sie und
den Säugling im Kopf, von morgens bis abends ging es nur
»Idalein« hier und »innig geliebter Schatz« da. Und nach
dem Tod des Kleinen war sie wochenlang verstört und mußte
von uns wieder aufgerichtet werden. Dazu die groß aufge-
machte Enthüllung meines Pseudonyms in den »Leipziger
Nachrichten«, die vielen Besprechungen in fast allen, auch
kleineren, in- und ausländischen Zeitungen und die plötzliche Flut von Briefen aus allen Teilen des Landes. »Du soll-

test gar nicht erst anfangen, sie zu beantworten«, hat Alfred mir geraten, »sonst wirst du tagein, tagaus nur noch mit Korrespondenz beschäftigt sein.« Außer den vielen unbekannten Leserinnen und Lesern melden sich auch zahlreiche alte Bekannte aus meiner Münchener und sogar aus der Wiener Zeit, die ich doch nicht gänzlich ohne Antwort lassen kann. Alle sind voll des Lobes, alle schmeicheln mir, sagen, sie hätten mir ohnehin bald einmal geschrieben oder mich längst schon gern besucht, und obwohl mir solche Post Genugtuung bereitet, stelle ich mit Erstaunen fest, daß ich niemanden von ihnen wiederzusehen wünsche. Sogar Mathilde, die lange Schmollende, hat mich beglückwünscht und mir ihr huldvoll gewidmetes Porträt als Geschenk übersandt. Welche Überwindung muß es sie gekostet haben! Zumal man von ihrer Schreiberei seit Jahren nichts mehr hört.

Nur meine heimliche große Hoffnung, daß Ludwig von Karwitz sich äußern würde, ist bisher nicht in Erfüllung gegangen – alle haben mir geschrieben, voll Bewunderung oder Neid, doch von ihm kein Wort, kein Lebenszeichen. Dabei wäre seine Anteilnahme wohl das einzige, was ich mir jetzt noch vom Leben wünschte. Ob er vielleicht wieder im Ausland weilt? Ich bringe es einfach nicht fertig, in einem Brief an Mathilde auch nur beiläufig nach ihm zu fragen: Was macht der Herr Vetter von K.? Hat er wohl von der »Goldelse« erfahren?

Das Lesen der vielen Briefe hat mir kostbare Zeit geraubt. Jetzt ist Alfred dazu übergegangen, die Post anzusehen und vorzusortieren; die langweiligen Briefe, meint er, brauche ich nicht notwendig selber anzuschauen. Die interessanten liest er abends vor, wenn ich mein Arbeitspensum hinter mir habe, wenn wir Abendbrot gegessen haben, wenn der Vater zu Bett gegangen ist, wenn Ida ihr Nähzeug vornimmt. Einen Teil der erforderlichen Post erledigt Alfred für mich, und ich bin froh darum. »Denke du dir weiter deine Geschichten aus«, sagt Alfred, »mit den geschäftlichen Dingen brauchst du dein Lockenköpfchen nicht zu belasten; ich regele das schon alles für dich.« Er kümmert sich um die Honorarzahlungen, verhandelt mit Keil, wimmelt die vielen Vertreter von Zeitungen und Zeitschriften ab, die bei uns eindringen und über mich berichten wollen, protestiert gegen die Raubdrucke und die verstümmelten Theateraufführungen. Er hat mich auch, im Verein mit Ernst Keil, bedrängt, den Holzschnitt von meinem Profil anfertigen zu lassen, der dann im zweiten Heft der »Gartenlaube« Anfang des Jahres erschienen ist, und als Keil ein paar biographische Notizen erbat, bestärkte er mich darin, nichts mehr über mich preiszugeben.

»Meine Schwester«, schrieb Alfred an Keil, »läßt Ihnen abschlägigen Bescheid bezüglich der biographischen Notizen erteilen, ... *da sie über ihr Leben etwas Bedeutendes oder von allgemeinem Interesse nicht zu sagen wisse.*«[48] »Dein Publikum wird dich bei solcher Bescheidenheit um so mehr schätzen«, sagte er zu mir.

Doch obwohl Alfred mir wirklich viel Arbeit abnimmt, komme ich nicht recht voran. Inzwischen ist September, die Verlockungen des Sommers, die mir immer mehr zu schaffen machen, je weniger ich mich fortbewegen kann – wenigstens im Garten will ich dann sitzen, wenigstens in der Sonne träumen –, sind zum Glück bald vorüber. Wieder so ein Tag, da ich, Vater im Nacken, kaum von der Stelle komme, obwohl die »Reichsgräfin Gisela« in knapp vier Monaten fertig sein muß. Da klopft es, und Alfred tritt ein. »Du hier, Vater?« fragt er stirnrunzelnd. »Willst du nicht lieber hinaus an die frische Luft und dir etwas Bewegung verschaffen? Es ist herrliches Wetter draußen.« Und zu mir gewandt: »Ich muß dich leider stören. Dieser Brief ist per Boten abgegeben worden. Vom Fürsten Pückler, der schon wieder insistiert, von dir empfangen zu werden. Schreib ihm...«

»Einen Augenblick, Alfred! Ich möchte den Brief doch gern erst selber lesen. Wir reden dann später darüber.«

Fürst Pückler, noch um einiges älter als Vater, ein berühmter Mann. Seit Februar überschüttet er mich mit Briefen. *»Schöne Unbekannte und liebenswürdigste Schriftstellerin«*[49], so beginnt sein erster Brief. Schmeichler. Etwas später: *»Weil ich nun Ihre Photographie besitze, aus der ebenso viel Herzensgüte als liebliche Schalkhaftigkeit herausblickt...«*[50] *»Schlau und gutmütig«*[51] nennt er meinen Gesichtsausdruck im zweiten Brief und wagt es, meine Grübchen zu kommentieren. Nun, seine 82 Jahre erlauben ihm manches, was ich von anderen empört zurückweisen müßte. *»Liebliche Unbekannte... Da Sie aber grausam genug sind, mich armen Greis nicht persönlich sehen zu wollen, so gestatten Sie mir wenigstens eine längere, andauernde Korrespondenz...«*[52] Das klingt ganz so, als suche er nicht nur Kontakt zu der Schriftstellerin E. Marlitt, sondern auch zu der Frau hinter dem Pseudonym. Nachdem er im März auf den Artikel in den Leipziger Nachrichten aufmerksam geworden war, in dem auch indiskrete Einzelheiten über meine Lebensumstände erwähnt waren, phantasiert er aufdringlich über meine körperlichen Defekte. Vielleicht, weil sie ein wenig sein hohes Alter wettmachen? Ich bin erst dreiundvierzig Jahre alt und schaue auf dem Bild in der »Gartenlaube« noch recht gut aus, sicher nicht mehr jung, eine reife Frau, aber noch nicht ganz verblüht. *»Sind Sie wirklich unbequem taub geworden, so gibt es ja viele Mittel dagegen... eine kleine muschelartige Röhre, in die man nur leise hineinzusprechen brauchte, während die Kranken dieselbe dicht ans Ohr hielten... Ich selbst, beiläufig gesagt, sehe, höre und fühle sogar unbegreiflicherweise noch fast ganz so wie in der Jugend...«*[53] Der jugendliche Greis und die invalide Vierzigerin. Diese Sicht der Verhältnisse scheint ihn mit Genugtuung zu erfüllen. Schließlich preist er sich ganz unverhüllt an: »*... es wird*

mir jetzt wirklich bange, mein altes Herz ganz an Sie zu ver-
lieren... verliebt war ich oft, und auch sehr sinnlich und
phantastisch, wovon ich selbst jetzt noch nicht ganz gebessert
bin«,[54] und: *»Liebe verführerische Eugenie«...*[55] *»ich be-*
kenne, obgleich es unklug sein mag, daß ich mich herzlich
danach sehne, von Ihnen beherrscht zu werden...«[56] Zwischendurch immer wieder Einladungen auf sein Schloß Bra-
nitz und seine drängende Bitte, mich in Arnstadt besuchen
zu dürfen. Was würde Mathilde sagen, wenn sie erführe, wie
sehr sich dieser immerhin einmal sehr berühmte Mann um
mich bemüht? Da korrespondiere ich nun mit einem fürst-
lichen Verehrer, dessen Bekanntschaft ich ausnahmsweise
nicht durch sie gemacht habe. *»Wenn mir nun endlich mein*
Zustand erlaubt, die Reise nach Wildungen zu unternehmen,
werden Sie so grausam bleiben, mir zu verbieten, Ihnen von
dort aus meine alte Hülle in Person vorstellen zu dürfen«[57]
»... selbst Häßlichkeit, Alter und Krankheit würden mich
von Ihnen nicht abschrecken, denn ich liebe Sie geistig...«[58]
Von Bad Wildungen aus beschwert er sich sofort, keinen
Brief von mir erhalten zu haben; drei Briefe fand er vor und
keiner war von mir; drei Damen haben ihm geschrieben,
unter anderem eine Prinzessin, die ihren baldigen Besuch auf
seinem Gut ankündigt – das Gut, das zu besuchen *ich* ver-
schmähe. *»Daß ich in meinem Alter noch fähig sein könnte,*
durch Liebe so ungerecht gequält zu werden, hätte ich nicht
erwartet, am wenigsten von einer Frau, die so gefühlvolle
und hinreißende Wesen zu schaffen versteht.«[59] *»Ihr Charak-*
ter entwickelt sich immer mehr vor mir«, schreibt er am 20.
August aus Wildungen, *»stolz und gefühllos, und nicht ein-*
mal gerecht.«[60]
Es ist zu komisch, wie er den verschmähten Liebhaber
spielt. Er ist von sich selbst so eingenommen und eitel wie
irgendein Adeliger.
Da gilt es, klar und bestimmt zu sein: *»Was nun Ihre Anfrage*

bezüglich einer persönlichen Zusammenkunft betrifft, so sage ich Ihnen als letzte Antwort noch einmal kurz und bündig Folgendes: ich bin schwerhörig, einsylbig im Gespräch, und körperlich so leidend, daß ich an das Zimmer gefesselt bin. Schreckt auch diese Erklärung, die jedweden Reiz im persönlichen Umgang notwendig ausschließen muß, nicht zurück, so hören Sie weiter: ich lebe in ganz einfachen bürgerlichen Verhältnissen; das enge Haus, welches ich bewohne, umschließt zwar eine glückliche Familie; es genügt ferner meinen Ansprüchen vollkommen; aber einen hocharistokratischen Gast in sich aufzunehmen, dazu ist es nicht angethan...«[61] Und wenn ihm das immer noch nicht deutlich genug ist: »*Es kommen Viele, sehr Viele aus aller Herren Länder, die meine kleine Person kennen lernen wollen – sie alle werden zurückgewiesen, weil ich so zu sagen mit der äußeren Welt abgeschlossen habe – würde es nicht eine Ungerechtigkeit und Inkonsequenz sein, wollte ich Ihnen allein gestatten, mich zu besuchen?«*[62]

Interessant auch, daß Mathilde bisher nicht gefragt hat, ob sie mich besuchen dürfe. Sie hat ihren Stolz wie ich den meinen.

Der Briefwechsel mit dem Fürsten kostet zu viel Zeit, die meiner Arbeit und meiner Familie gehört. Ich hatte mir zunächst einiges davon versprochen; immerhin ist er ein bekannter Schriftsteller, wenn auch seine große Zeit weit zurückliegt; er hat viel gesehen von der Welt: Europa, Afrika, Asien; seine »Reisen der Semilasso« stehen in beinahe jeder Bibliothek. Doch statt interessanter Ausführungen über ferne Länder und ihre Sitten erzählt mir dieser alte Mann, während der Sommerregen vor meinem Fenster rauscht, von sich und seinem Bedürfnis, den Frauen noch immer zu gefallen. Das ist peinlich. Er schickt mir ein pompöses Foto von sich in Gala, bei seinem letzten großen öffentlichen Auftritt. Wie verfallen er schon damals aussah... Ich würde Mitleid mit ihm empfinden, wenn er nicht so eitel wäre. In seiner Jugend soll er ein Beau gewesen sein, ein bekannter Frauenheld; er war im Corps der berühmten sächsischen »rothen Garden«, das nur die kräftigsten und schönsten Männer aufnahm. Wenn ich den Andeutungen in der letzten Nummer der »Gartenlaube« Glauben schenken darf, dann muß Bettina von Arnim einmal sehr verliebt in ihn gewesen sein; sie liebte ihn, und er hat sie gleichgültig beiseitegeschoben! Das ist wohl dreißig Jahre her, und er verhält sich als unansehnlicher alter Mann noch wie die umschwärmte Berühmtheit von einst. Da redet er von Verliebtheit und ist nur verliebt in die Erinnerung an das, was er einmal war.

Ich entsinne mich vage einer Skandalgeschichte um seine Ehe, von der in Mathildes Umgebung viel geredet wurde. Er war mit der verwitweten Lucie von Pappenheim, Tochter des Staatskanzlers Hardenberg, verheiratet, die er nach einigen Jahren Ehe bewog, sich freiwillig von ihm scheiden zu lassen, damit er eine andere, reichere Frau, eine Engländerin, heiraten könne, die mit ihrer Mitgift seine finanziellen Verhältnisse aufbessern sollte. Dabei schätzte er seine Frau durchaus noch, wechselte weiter mit ihr gefühlvolle Briefe und lebte auch wieder mit ihr zusammen, als das Heiratsprojekt fehlschlug. Wie kann sich eine Frau, bei einigem Stolz, auf solch ein übles Spiel einlassen?

Soll ich ihn etwa wegen seiner Gartenliebhaberei bewundern, wegen seiner kostspieligen Leidenschaft für exotische Pflanzen und Parks nach englischem Vorbild? Ist es eine Lebensleistung, wenn einer mit viel Geld und durch die Arbeit anderer karges Land, Steppe oder gar Wüste in blühende Gärten für sich selber verwandelt?

Ich habe mir einige seiner Bücher kommen lassen, nachdem ich seinen ersten Brief erhielt. Mathilde schätzte Pücklers »Briefe eines Verstorbenen« wegen der pikanten Plaudereien aus Adelskreisen; sie schätzte ihn überhaupt als geistreich.

Mir haben eigentlich nur seine Reisebeschreibungen gefallen – und da wiederum nur die Landschaftsschilderungen. Aus den Jagdszenen, die nur seine, Semilassos eigene Bravour und Geschicklichkeit herausstreichen, mache ich mir nicht viel. Auch schreibt er frivol und keck über die Liebe. Er mag weitgereist und gebildet sein, vielleicht ist er wirklich tolerant und ein Freigeist, wie man ihm nachsagt, aber er ist mit Sicherheit kein ernsthafter Mensch.

Erst die Reisen, später die Gärten. Ich kann einen Mann nicht wirklich achten, dessen Lebenswerk in der Verfeinerung seiner Genußfähigkeit liegt. Er hat ja weder materielle noch geistige Not kennengelernt, immer nur getändelt, kokettiert und gespielt, und offensichtlich hat dieser nimmersatte Epikuräer selbst mit 82 Jahren noch nicht genug genossen. Seiner Schriftstellerei ist anzumerken, daß sie nicht aus dem harten Muß geboren wurde.

Ein Ludwig von Karwitz im Alter? Ein Spieler und charmanter Nichtstuer, der Muße zur Arbeit stilisiert, einer, der alles bekommen hat, was er wollte, nur mit den Fingern zu schnalzen brauchte. Und will jetzt auch noch etwas von mir? Nein, mit dieser Sorte von Männern bin ich ein für allemal fertig. Ein Ernst Keil wiegt mehr als ein halbes Dutzend Fürsten, auch wenn sie Pückler heißen.

Alfred zögert noch: »Schreib ihm doch, er könnte gern kommen, aber nicht bei uns im Haus wohnen. Er müßte sich mit seinen Leuten im Gasthof einmieten.« Von Ida weiß ich schon lange, daß sie zu gern einmal einen richtigen Fürsten zu Gast haben würde.

»Dieser Briefwechsel stellt immer mehr Ansprüche an meine Zeit, Alfred. Ich werde ihn vorerst einstellen – bis die ›Reichsgräfin Gisela‹ fertig ist.« Und ich denke gar nicht daran, den Fürsten Pückler zu empfangen.

Die Psychologie des Frauenherzens

Frühling, Sommer, Herbst und Winter.

Frühling:
»Es war ein herrlicher Apriltag mit wolkenlos blauem Himmel, mit glitzerndem Sonnengold auf Weg und Steg und den Düften der ersten Veilchen in seinen samtweichen Lüften.« [63]
Sommer:
»Es war ein herrlicher Junimorgen ... Die junge Dame kehrte über die Wiesen zurück und fing an, im langsamen Weiterwandeln da und dort eine langstielige morgenfrische Feldblume zu pflücken.« [64]
Herbst:
»Der Sommer war verflogen. Die Sonne hüllt ihr bleiches Gesicht verdrossen in graue Nebelschleier.« [65]
Winter:
»Es war Winter geworden, so ein rechter Winter thüringischer Art ... Auch die kleine Stadt an der Pforte des Thüringer Waldes erhielt ihr redliches Teil der warmen Schneedecke. Blank und glatt, und immer neue Millionen der Schneesternchen in sich einwebend, lag sie da.« [66]

Frühling, Sommer, Herbst und Winter. 1865, 1866, 1867, 1869, 1871: »Die zwölf Apostel«, »Goldelse«, »Blaubart«, »Das Geheimnis der alten Mamsell«, »Reichsgräfin Gisela«, »Das Heideprinzeßchen«.
Die Jahreszeiten wechseln, die Jahre verstreichen. Die schwere Person im Rollstuhl, die über der Arbeit am

Schreibtisch beim Fenster älter und immer unbeweglicher wird.

Das Bildnis der Fürstin an der Wand: sie scheint ihr beim Schreiben zuzusehen.

Der Blick aus dem Fenster, der Blick auf die Bäume, durch die das Wetter und die Jahreszeiten gehen. Während im Kopf die Geschichten entstehen, Form annehmen und in die Welt entlassen werden: Namen, einer nach dem anderen, die Heldinnen: Marie, Lene, Else, Lili, Felicitas, Gisela, Lenore, Juliane, Käthe, Mercedes, Agnes, Grete, Claudine.

Immer ein wenig am Rande des Familiengeschehens, doch mit den vier Rädern des Rollstuhls fest auf dem Boden der Wirklichkeit. Die Neffen und Nichten, die Großneffen und Großnichten sind unartig und wieder artig, sind krank und wieder gesund, wachsen und werden älter. Die berühmte Tante, die reiche Tante, umsorgt und verwöhnt, aufgehoben im Tageslauf mit seinen festen Mahlzeiten und Gewohnheiten, im Verlauf der Wochen und Monate mit ihren Festtagen und wiederkehrenden kleinen Freuden: endlich in Sicherheit. Da kann der Kopf unbesorgt in den Geschichten spazierengehen, den alten Geschichten, den immer neuen Geschichten.

Das Heideprinzeßchen, zum Beispiel.

Das Heideprinzeßchen, ein Naturkind, läuft sommers barfüßig und braungebrannt, in Röcken aus grobem Tuch, winters in Socken aus Heidschnuckenwolle und nägelbeschlagenen Kalbslederstiefeln über die Heide. In Wirklichkeit heißt sie Lenore, ist siebzehn Jahre alt, aber noch sehr zierlich, von allen als halbes Kind betrachtet. Ilse kümmert sich um sie, eine tüchtige Frau vom Lande, eigentlich Dienstmädchen von Lenores Großmutter, einer etwas sonderbaren alten Frau, der der Dierkhof gehört, der einsame Hof inmitten der Heide, wo das Heideprinzeßchen aufwächst. Die Großmutter ist Jüdin und vor langen Jahren vor der Welt

141

hierher geflohen; man hat ihr übel mitgespielt, und seitdem ist sie ein bißchen verrückt. Und hierhin hat man auch Lenore im Alter von drei Jahren gebracht, als ihre Mutter gestorben war. Jetzt stirbt auch die Großmutter, und Ilse bringt das Heideprinzeßchen in die Residenzstadt K. zu seinem Vater; dort soll das Mädchen endlich eine ordentliche Erziehung erhalten.

Der Vater, Dr. von Sassen, ist ein berühmter Archäologe, ein weltfremder Gelehrter und Träumer, der bislang mit seiner Tochter nichts anzufangen wußte, sie auch seit dem Tode seiner Frau nicht mehr gesehen hat. Zur Zeit wohnt er im Hause des reichen Kaufmanns Claudius, um die umfangreiche Antikensammlung zu sichten und zu ordnen, die einer der Claudiusschen Vorfahren zusammengetragen hat. Im Haushalt des Kaufmanns leben noch zwei weitere junge Leute, die Geschwister Dagobert und Charlotte, die als seine Adoptivkinder gelten. Über ihrer Herkunft schwebt ein dunkles Geheimnis. Sie fühlen sich dem bürgerlichen Onkel, der für ihren Unterhalt aufkommt, überlegen; sie verachten ihn als »Krämer«, weil sie fest von ihrer adligen Abstammung überzeugt sind.

In diesen Haushalt tritt unser Heideprinzeßchen, Lenore von Sassen, ein. Hausherr Erich Claudius, geschäftstüchtiger als ihr Vater, wird zum Verwalter des kleinen Vermögens, das ihr die Großmutter hinterlassen hat. Bald schon teilt sie das Bild, das Charlotte und Dagobert von ihrem Onkel haben, auch sie sieht in ihm einen kalten und autoritären Geldmenschen, der die lebenslustigen Geschwister unnötig gängelt und unterdrückt. Lenore freundet sich mit Charlotte und Dagobert an.

Was ist nun das Geheimnis der versiegelten Bel-Etage im Schlößchen Karolinenlust, das ein adliger Claudiusscher Vorfahr auf Claudiusschem Grund hat erbauen lassen? Das Heideprinzeßchen gerät schon am Tag seiner Ankunft durch

Zufall an eine geheime Tapetentür, die einen Zugang zu den seit Jahrzehnten verschlossenen Räumen bietet. Und sind die Geschwister Dagobert und Charlotte wirklich natürliche Kinder des durch eigene Hand gestorbenen Lothar Claudius, Bruder des jetzigen Familienoberhaupts, und der ebenfalls verstorbenen Prinzessin Sidonie, Tante des derzeit regierenden Herzogs? Und was hat es mit Heideprinzeßchens Tante Christine auf sich, die von der Großmutter verstoßen wurde – warum? – und nun plötzlich in einen heimlichen Briefwechsel mit Lenore tritt und von ihr Geld erbittet? Und wie steht es um die unglückliche Liebesgeschichte, die Herr Claudius in seiner Jugend erlebt haben soll, derentwegen er sich mit dem einzigen Sohn des Hauptbuchhalters Eckhof duellierte und diesen tödlich verletzte...?

All dies und noch viel mehr erfährt im Jahre 1871 die begierige Leserin, der neugierige Leser in dreiunddreißig Folgen der »Gartenlaube«.

Und noch viel mehr: Wie eigenartig Lenore zumute wird, wenn sie an Herrn Claudius denkt. Zunächst hatten es ihr Dagoberts Augen angetan und seine braune Lockenpracht, und neben dem schönen jungen Mann erschien ihr der Onkel uralt, langweilig und steif. Doch allmählich erkennt sie, wie oberflächlich und eitel Dagobert ist, wie charakterfest und männlich stark dagegen Erich Claudius. Er mag streng und hart wirken, auch in seinen Anordnungen dem Heideprinzeßchen gegenüber. Doch unbemerkt hält er seine schützende Hand über sie. Plötzlich weiß sie, daß sie ihn liebt, und sie schämt sich sehr, daß sie mit den Geschwistern Front gegen ihn gemacht hat und sich in eine häßliche Intrige verwickeln ließ...

Wer steht fest und sicher als Retter in der Flutkatastrophe? Herr Claudius. Wer weiß auf einen Blick gefälschte von echten alten Münzen zu unterscheiden sowie feurige edle von heimtückischen Pferden? Herr Claudius. Wer ist zur Stelle, um Lenore in seinen Armen aufzufangen, als sie von Charlotte gegen den Kronleuchter gestoßen wird? Herr Claudius. Wer rettet Lenores Vater aus der brennenden Bibliothek? Herr Claudius. Wen sollte es da wundern, daß es auch Herr Claudius ist, der den ehemaligen Wildfang zähmt, bis das Heideprinzeßchen zur Frau und Mutter herangereift ist...

Tapetentüren, natürlich hinter Schränken verborgen. Geheime Gänge, unterirdisch, und längst vergessene versteckte Schätze, die plötzlich aufgefunden werden. Entlarvende Dokumente und dunkle Familiengeheimnisse. Naturkatastrophen: Stürme, Überschwemmungen, Donner und Blitz, Feuersbrunst. Unfälle, tatsächliche oder knapp verhinderte: durchgehende Pferde, Explosionen, vorgetäuschter Selbstmord, plötzliche schwere Erkrankungen, lange schleichende Leiden, Todesgefahr und Tod. Spekulationsschwindel und Geschäftszusammenbrüche, geheime Eheschließungen und ihre Folgen. Einfache und gutmütige Menschen, brave Dienstboten und schlichte Arbeiter, Spießbürger und Emporkömmlinge, intrigante Minister, charakterlose Geschäftsleute, dünkelhafte Adlige. Echte Gobelins, unverfälschtes Gold gepreßter Ledertapeten, Fenstervorhänge aus Brokat, steife düstere Pracht, daneben die Armut notdürftig eingerichteter Hütten, wohnliche Bürgerstuben. Alles aus dem Leben gegriffen, das ganze bunte Menschenleben.

Aber das ist nur die äußere Geschichte. In Wirklichkeit geht es immer um das Frauenherz, um das, was sich tief in der Seele der Frau abspielt; es geht um die Liebe als Kampf, um scheinbare Feindschaft und Gleichgültigkeit, die sich wider Willen in leidenschaftliche Liebe verwandeln.

Die Helden: sie sind bedeutende Wissenschaftler, vielversprechende Künstler, tüchtige Kaufleute, doch zugleich auch einsame Außenseiter, die das Ideal wahrer Humanität in der Brust tragen und zu arbeiten verstehen; äußerlich sind sie stets ruhig und beherrscht, selbst wenn schon der Sturm der

Leidenschaft in ihnen tobt; sie erscheinen streng, unerbittlich und stolz, doch sie haben ein weiches fühlendes Herz; sie sind selten schön, aber immer männlich: stark, hochgewachsen, charakterfest, Führungspersönlichkeiten, und trotz ihrer auch vorhandenen Schwächen lern- und wandlungsfähig. Es sind väterliche Liebhaber, unaufdringlich im Werben; sie lieben vor allem mit den Augen, dem innigen Blick, sind spärlich mit Worten; erst wenn die Luft schwer ist von unterdrückten Gefühlen, erst wenn äußere Umstände sie plötzlich zwingen, kommt es zur Erklärung, zur Berührung, zum Handkuß und zur leidenschaftlichen Umarmung. Natürlich gibt es auch andere, weniger liebenswerte Männer, die um die Heldinnen werben: diese sind zudringlich und dreist, Schönlinge und Hohlköpfe, unfähig, ihre sinnlichen Begierden zu beherrschen, oberflächlich und geltungsbedürftig.

Das »Weltleben«, das Leben außerhalb der Familie, bei Hofe und in der Gesellschaft, ist gefährlich, eine ständige Herausforderung an das Gute im Menschen; das gilt schon für den Mann, wieviel mehr noch für die Frau! Zu leicht werden Frauen in diesem Klima Frömmlerinnen und Heuchlerinnen oder herrische und exzentrische Wesen, oder Hysterikerinnen, reizbar und nervös, die andere unter ihren Launen leiden lassen.

An einer unglücklichen Ehe sind meistens die Frauen schuld: Die Baronin Clementine und die Majorin Lucian, Frau Hellwig und die Amtsrätin, auch die Mutter des Heideprinzeßchens tragen die Verantwortung für die traurige Entfernung zwischen ihnen und ihren Ehemännern, weil sie weit mehr an ihren Rechten als an ihren Pflichten interessiert sind, weil sie sich nicht einfügen und manchmal gar ihren Mann beherrschen wollen.

Dabei sind auch die Heldinnen keine grauen Mäuschen, im Gegenteil, es sind prachtvoll starke Frauen. Für ihre notleidenden Eltern und Geschwister, auch für sich selbst zu arbeiten, sehen sie nicht als Makel an. Sie haben einen großen Freiheitsdrang, kämpfen mutig für ihre Ehre und für ihr gutes Recht. Sie sind stolz und tapfer und haben sich dabei noch eine gewisse Kindlichkeit bewahrt. Nie würden solche Frauen einen ungeliebten Mann heiraten; eher würden sie allein durchs Leben gehen. Wenn sie aber lieben, dann wollen sie zu ihrem Gatten auch bewundernd aufschauen können, sich ihm freiwillig unterordnen und zugleich seine geistige Gefährtin sein.

Zuviel Ehrgeiz ist nicht schön an einer Frau. Eine Frau hat ein Recht auf geistige Bildung, und es ist durchaus liebenswert, wenn sie künstlerische und geistige Interessen hat: wie Else, Felicitas und Käthe, die herrlich singen oder Klavier spielen – Käthe hat sogar eigene Stücke komponiert! –, oder wie Juliane, die ein wenig botanisiert, um dem Bruder zu helfen, oder Grete, die ihrem Onkel bei seinen archäologischen Studienreisen assistiert. Dann gibt es da noch das große soziale Betätigungsfeld für die unverheiratete Frau: Immer sind Kranke und Krüppel zu pflegen, und es ist nichts dagegen einzuwenden, daß eine unverheiratete Frau auch die Dorfkinder ein wenig unterrichtet und sich um die Armen oder die Arbeiter kümmert, die in Not leben müssen.

Aber zuviel Ehrgeiz ist nicht schön an einer Frau. Das Gieren nach öffentlicher Bewunderung und Anerkennung für die eigene Person und die eigene Begabung oder Leistung ist einfach unweiblich.

Flora zum Beispiel ist auf diese unschöne Weise ehrgeizig. Flora Mangold, die Halbschwester und Gegenspielerin der Käthe im »Hause des Kommerzienrats«. Sie ist Schriftstellerin – keine wirkliche, sie wäre es nur gern –, doch sie findet keinen Verleger für ihr großes Werk »Die Frauen«, und die kleinen Aufsätze, die sie wohl hier und da veröffentlicht hat, scheinen nicht besonders gut zu sein; jedenfalls hält Dr. Bruck, der sie gelesen hat und es wissen muß, nicht viel von ihnen. Er spricht Flora, die zu diesem Zeitpunkt noch seine Verlobte ist, jede Originalität ab. Übrigens ist Flora nicht nur Schriftstellerin – sie soll sogar schon vor Studenten auf dem Katheder gestanden und über philosophische Themen gesprochen haben! Sie äußert sich in ihren Schriften zur Arbeiterfrage, ohne sich je deren Arbeitsplätzen genähert oder auch nur einen Fuß in ihre Behausungen gesetzt zu haben. Sie äußert sich zur Frauenfrage, und da vertritt sie, wie wir von Dr. Bruck erfahren, einen extremen Standpunkt, von dem sich »*die Verständigen längst wieder abgewendet haben*«.[67] Dabei ist der Doktor durchaus ein Mann, der für die vernünftigen Frauenbestrebungen große Sympathie hegt, denn er wünscht »*wie alle Billigdenkenden, daß die Frau die Mitstrebende, die verständnisvolle Gehilfin des Mannes auf geistigem Gebiet werde*«.[68] Flora aber ist unmäßig: »*Wir wollen mehr: wir wollen Gleichstrebende, Gleichberechtigte nach jeder Richtung hin sein.*«[69] Dr. Bruck hat überhaupt nichts dagegen, daß die strebende Frau auf eigenen Füßen steht, sofern sie einen starken Willen und wirkliche Begabung besitzt und »*... wenn sie damit nicht bereits übernommene ältere Pflichten und das edle deutsche Familienleben schädigt*«.[70] Genau das aber tut Flora, weil sie doch mit ihm verlobt ist! Außerdem ist Flora eitel und nicht wirklich begabt.

Übrigens war auch die früh verstorbene Mutter des Heideprinzeßchens Schriftstellerin – und wohin hat das geführt? Das Heideprinzeßchen betrachtet noch als junge Frau Bücher mit Abscheu, weil sie ihm die Liebe seiner Mutter entzogen haben; allein mußte es im Hinterzimmer zu Bett gehen, während die Mutter geistreich mit Gästen plauderte. Flora ist trotz ihrer frauenrechtlerischen Ambitionen sehr schön – feines Profil, zarte Glieder, aschblondes Haar, stets wunderbar gekleidet. Sie soll schon mit vielen Männerherzen grausam gespielt und zahlreiche Bewerber zurückgewiesen haben. Jetzt allerdings ist die erste Jugend vorüber – sie ist schon neunundzwanzig Jahre alt –, und ihre zu leichten Erfolge bei den Männern haben ihrer immer noch schönen Erscheinung die weibliche Grazie genommen. Auch hat sie sich eine »*männlich schroffe Redeweise*«[71] zugelegt, und oft »*zuckt es sarkastisch um ihre Lippen*«.[71] Daß ihre Überlegenheit und Selbstsicherheit nur aufgesetzt sind, erfahren wir spätestens in der einzigen wirklichen Gefahrensituation, als sie nämlich im Wald mit ihren Schwestern von aufgebrachten Arbeiterfrauen angepöbelt wird. Da erweist sie sich als Hasenherz. Flora raucht auch, was Dr. Bruck verabscheut, nicht nur *Cigaretten,* sondern sogar hin und wieder eine *Cigarre:* »*aus Emanzipationssucht*«[72] oder vielleicht auch nur, um zu schockieren, zu provozieren, greift sie zu diesen »*allerordinärsten Requisiten des Blaustrumpfs*«.[72]

Kurz: Flora ist angeberisch, berechnend, Cigarettenraucherin, doppelzüngig, eitel, frivol, geistreich, herrisch, impertinent, jähzornig, kalt, launisch, mitleidlos, nachlässig, opportunistisch, pflichtvergessen, ein Quälgeist, rücksichtslos, spöttisch, taktlos, ungeduldig, verletzend, wortbrüchig, eine Xanthippe, zynisch.

Käthe dagegen ist arglos, bescheiden, Clavierspielerin, dankbar, ernsthaft, fürsorglich, geradeheraus, heiter, intelligent, jungfräulich, klar, liebevoll, mütterlich, natürlich, ordentlich, praktisch, ruhig, schalkhaft, tapfer, unbefangen, verständig, willensstark, zärtlich – wie alle wahren Heldinnen der Romane E. Marlitts.

Wen wundert es da, wenn sich am Ende herausstellt, daß Flora in Wirklichkeit gar nicht an geistigem Streben interessiert ist, sondern nur an öffentlicher Anerkennung und gesellschaftlichem Aufstieg, da sie schließlich einen ungeliebten häßlichen reichen Mann heiratet wegen seines Adelstitels und seiner guten Beziehungen zum Hofe? Während Käthe, die immer überzeugt war, Bruck mache sich nichts aus ihr, die unter seiner scheinbaren Unfreundlichkeit und Kälte gelitten hat, die glaubte, für immer auf ihn verzichten zu müssen, am Ende ihren geliebten Dr. Bruck bekommt.

Alle Männer sind anfangs barsch, hart, kalt, schulmeistern von oben herab und weisen die Heldinnen unnötig zurecht, die sich trotzig und in herber Schönheit behaupten. Immer werden die Heldinnen von ihrer Umgebung gedemütigt, von reicheren und sozial höherstehenden Menschen, nicht selten besonders von dem Mann, den sie später wider Willen lieben. Sie müssen oft nicht nur unverdiente Kränkungen erleiden, sondern auch niedrigste Arbeiten verrichten. Felicitas und Agnes werden wie Dienstmägde gehalten, und Juliane wird von Mainau überhaupt nur deshalb geheiratet, weil er eine andere Frau damit verletzten will und außerdem eine zuverlässige Erzieherin für sein Kind aus erster Ehe braucht. Oft sind die Frauen den Männern untergeben oder wirtschaftlich von ihnen abhängig. Immer reagieren die Frauen auf die Demütigungen ungebeugt, mit sprödem Stolz und reizvollem Trotz. Immer werden die Frauen von den Männern, vor denen sie die Augen niederschlagen, »kalt gemustert«, während sie innerlich zittern und sich nach außen tapfer behaupten. Die gegenseitigen Kränkungen und Verletzungen nehmen zu, der bittere Stolz auf beiden Seiten wächst, die Mißverständnisse scheinen schließlich unüberwindlich. Doch dann passiert etwas: eine große Gefahr – die Männer heben die Frauen wie leichte Federn vom Boden auf und tragen sie in Sicherheit – oder eine schwere Krankheit – die Männer ringen mit dem Tod, und die Frauen entreißen sie demselben durch aufopfernde Pflege. So oder so ähnlich. Plötzlich ist dann der Damm geborsten, beim Mann bricht sich die lange unterdrückte stürmische Leidenschaft Bahn, die Frau darf sich endlich der hinter all ihrer Schroffheit riesig gewachsenen Sehnsucht nach Hingabe überlassen.

»Ich brauche dich! Ich werde dich nie wieder gehen lassen.

Ich werde dich bewachen und behüten, dich auf Händen tragen!« spricht jetzt, endlich, der Mann, und der Aufstieg zur Ehefrau, zu Ansehen, Reichtum und Glück ist deshalb so besonders köstlich, weil ihm der Kampf, die Erniedrigung und die Qual voraufgegangen sind und weil sie es jetzt auch all den anderen zeigen kann, die sich an ihrer Demütigung beteiligt haben: abgeschlagen verschwinden die bösen Stief- und Schwiegermütter, die neidischen Konkurrentinnen im Dunkel der Geschichte.

Das alte Märchen immer neu schreiben, während die Jahreszeiten wechseln und die Jahre verstreichen, immer wieder gleich und doch ein bißchen anders, denn jedesmal, wenn man es erzählt, ist es einen kurzen Augenblick lang wahr.

Die Expertenrunde IV:
Der Herr von der Psychoanalyse

»Der Glückliche phantasiert nie«, sagt der Herr von der Psychoanalyse nachlässig, »nur der Unbefriedigte.« Erst nachdem er sich reihum von der gewünschten Wirkung dieses Satzes überzeugt hat, fügt er hinzu: »Nachzulesen bei Freud 1908, ›Die Dichter und das Phantasieren‹. Unbefriedigte Wünsche sind auch die Triebkraft für das Schreiben der Marlitt gewesen. Doch was wünschte sie?«

»Mann und Kinder, natürlich«, spottet der Herr von der Literaturwissenschaft. »Für Frauen ist Erfolg durch Leistung eben nur die zweite Wahl, der Trostpreis, wenn ihnen das eigentlich weibliche Lebensglück versagt bleibt.«

»Bei uns im 19. Jahrhundert«, wirft der Herr von der »Gartenlaube« rasch ein, »hat auch die unverheiratete Frau ihren anerkannten Platz in der Familie. E. Marlitt liebte die Kinder ihrer Brüder wahrhaft mütterlich; umgekehrt wurde sie von ihren Neffen und Nichten vergöttert und von Bruder und Schwägerin auf Händen getragen. Ich kann nicht glauben, daß sie in diesem harmonischen Familienkreis unglücklich war – von der grausamen Verurteilung zu einem Dasein im Rollstuhl, das sie mit größter Fassung ertrug, einmal abgesehen.«

»Nun geben uns aber die Romane der Marlitt Einblick in die finstersten Familienverhältnisse, Mördergruben geradezu, wo Vernachlässigung und Unterdrückung, Geschwisterrivalität, Intrige und Heuchelei an der Tagesordnung sind.«

»Sie müssen dabei berücksichtigen, daß die Heldinnen meistens nicht bei den leiblichen Eltern, sondern bei entfernten

Verwandten oder Fremden leben«, erklärt der Herr von der »Gartenlaube«.

»Ja, ja, das ödipale Dreieck, wohin man sieht«, erwidert der Herr von der Psychoanalyse leichthin. »Fast immer handelt es sich um Waise oder Halbwaise, deren Mutter tot, also als Konkurrentin von vornherein beseitigt ist. Intrigen und Demütigungen gehen von der bösen anderen Frau aus, der Stiefmutter oder späteren Schwiegermutter oder von der schönen verwöhnten Rivalin, die meist ebenfalls eine Verwandte ist. Die Väter sind tot oder abwesend oder schwach, liebenswert zwar, aber unfähig, die Familie zu ernähren, die Tochter angemessen zu beschützen. Dann die Neuinszenierung der ödipalen Situation bei der Partnerwahl: Die Konkurrentinnen werden abgewertet, der väterliche Liebhaber wird zugleich idealisiert und hochgradig ambivalent besetzt. Mit ihm wird natürlich nicht rivalisiert, obwohl hier Idealisierung und unbewußter, abgewehrter Neid Hand in Hand gehen. Daher die lustvoll erlebte masochistische Unterwerfung unter die Autorität des Vaters/Liebhabers. Durch die Identifizierung mit dem Vater/Liebhaber, der stets ein gesellschaftlich hochstehender Mann ist, an dessen Bedeutung die Heldin nun teilhaben kann, vollzieht sich auch die Rache an der Mutter/Rivalin. Interessant ist die Auflösung der Ambivalenz des Vaters/Liebhabers durch ein zeitliches Nacheinander: der unnahbar-feindliche verwandelt sich in den liebevoll-väterlichen Mann. Die Heirat am Schluß begründet die neue, diesmal ideale Familie. Lauter infantile Wünsche. Offensichtlich ist die Autorin die Ablösung von den Eltern in der ödipalen Phase nicht oder nur teilweise gelungen. Der moralische Masochismus stammt vermutlich aus der oralen Phase. Wir wissen, daß der starken Vaterbindung in der ödipalen Phase in der Regel eine ebenso starke Mutterbindung in der präödipalen Phase vorausgeht, so daß ich eine frühe Fixierung auf die präödipale phallische Mutter vermuten würde. Was sich später merklich auf Marlitts Verhältnis zu Männern auswirkt. Das alles sind sehr verbreitete Phänomene.«

»Die Schwägerin Ida«, ergänzt der Herr von der Literaturwissenschaft verächtlich, »soll nach dem Tod der Marlitt von ihr gesagt haben: ›*Ehe sie einem Manne, selbst dem geliebtesten, nur das kleinste äußere Zeichen ihrer Huld gegeben hätte, lieber wäre sie ins Wasser gegangen.*‹«[73]

»Möglicherweise hatte sie wirklich Angst vor der Liebe«, gibt der Herr von der »Gartenlaube« nachdenklich zu, »eine große Angst vor Enttäuschungen und Verletzungen. Sie hat ja selbst mehrfach geäußert, daß ihre Erfahrungen draußen in der Welt sie fremden Menschen gegenüber sehr mißtrauisch haben werden lassen. Doch müssen wir es in Anbetracht der Schwere ihrer Krankheit nicht als glückliche Fügung des Schicksals betrachten, daß sie unverehelicht blieb?«

»Nun, mein Lieber«, erwidert der Herr von der Psychoanalyse in freundlich-herablassendem Ton, »hätte sie Mann und Kinder gehabt, wäre diese Krankheit wahrscheinlich gar nicht oder in wesentlich abgeschwächter Form aufgetreten.« Der Herr von der »Gartenlaube« sieht ihn groß an. »Nun, ja, das liegt doch auf der Hand: Krankheit als Symptombildung. Da haben wir zunächst die hysterische Taubheit: Nichts mehr hören wollen. Ich sehe euch, meine Lieben, aber eure Lippen bewegen sich im Leerlauf – ich bin ab jetzt taub für das, was ihr von mir wollt. Eine Flucht in die Krankheit. Um dem Lampenfieber aus dem Weg zu gehen? Oder vielmehr weil der Erfolg sich nicht einstellen will? Dann die chronische Polyarthritis in den letzten Lebensjahrzehnten: Wir müssen sie in Verbindung mit ihrem vollständigen Rückzug aus der Welt in die Familie sehen. War die Krankheit eine Rechtfertigung der Regression? War sie Selbstbestrafung für Erfolg?«

Der Herr von der »Gartenlaube« hat mit wachsender Unruhe und ohne etwas zu begreifen zugehört. »Aber wir leben doch in einem aufgeklärten Zeitalter, in dem wir Krankheiten nicht mehr, wie einst im Mittelalter, als Strafe begreifen! Ursprünglich wird ihr rheumatisches Leiden durch die Kälte und Nässe im Johnschen Gartenhaus verursacht worden sein, wo Eugenie ihre frühe Jugend unter höchst ungesunden Bedingungen verbrachte.«

Der Herr von der Psychoanalyse sieht sich zu einigen allgemeineren Bemerkungen genötigt: »Lieber Herr, wir wissen heute ein wenig mehr über die psychischen Bedingungen für das Entstehen von Krankheiten als zu Ihrer Zeit. Anfällig für primär chronische Polyarthritis sind danach vor allem Menschen, die ständig unter starker Anspannung stehen und dabei sehr kontrolliert im Ausdruck ihrer Emotionen sind. Durch die Anspannung wird der Bewegungsapparat, werden vor allem die Gelenke, einseitig belastet und überfordert; daher kommt es zu Entzündungen. Diese Entzündungen sind Störungen des Immunsystems: Der Organismus bildet Antikörper gegen körpereigene gesunde Substanzen, die er plötzlich als fremd einstuft, angreift und zerstört. Eine Autoaggression also – und Polyarthritiskranke sind meistens Menschen, die unfähig sind, ihren Aggressionen unmittelbar Ausdruck zu verleihen.«

»Ich muß gestehen, daß ich nicht in der Lage bin, Ihnen zu folgen«, sagt der Herr von der »Gartenlaube«.

»Nun, sagen Sie statt ›Aggression‹ meinetwegen ›Wut‹, ›Ärger‹, ›Zorn‹ oder auch ›Enttäuschung‹, ›Haß‹, ›Neid‹ und so weiter. Sie wird eben solchen Empfindungen keinen freien Lauf gelassen haben.«

»Verehrter Herr Doktor, ich glaube, Sie fügen Frau Marlitt hier großes Unrecht zu. Ich habe bereits berichtet, daß ich Gelegenheit hatte, sie – wenn auch nur flüchtig – persönlich kennenzulernen, und da war gar nichts von solchen häßlichen Regungen zu spüren – im Gegenteil, mein Eindruck war der einer vollkommenen Ruhe und Harmonie. Sie war eine wunderbar starke Frau, die ihr schweres Schicksal vorbildlich trug.«

Der Herr von der Psychoanalyse seufzt: »Das ist es ja gerade! Polyarthritiskranke sind in besonderem Maße friedlich und still, in ihr Schicksal ergeben, für den Arzt die angenehmsten Patienten...« Dann fällt ihm etwas ein: »Das neurotische Zucken der Mundwinkel! Sie haben es selbst beobachtet! Es ist ein sicheres Indiz dafür, daß die Frau unter starker, nur mühsam unterdrückter Triebspannung stand!«

»Trieb?« fragt nun der Herr von der »Gartenlaube« ein wenig angewidert. »Was verstehen Sie unter ›Triebspannung‹?«

Doch der Herr von der Psychoanalyse hat es anscheinend aufgegeben, ihm das Phänomen aus seiner Sicht erklären zu wollen. »Gehemmte Aggressionsfähigkeit«, wiederholt er, zu den anderen Herren gewandt, »ein starkes rigides Über-Ich, masochistische Tendenz zur Selbstbestrafung.« Dann setzt er noch rasch für den Herrn von der »Gartenlaube« hinzu: »Wir wissen, daß der Krankheitsbeginn oft durch einen schwerwiegenden Verlust ausgelöst wird: Tod eines nahen Angehörigen, Berufsverlust oder ähnliches, also durch Veränderungen, die für die Persönlichkeit des Erkrankenden eine Einengung bedeuten. Wir müssen die Krankheit als einen Versuch sehen, dem mit dem Verlust verbundenen seelischen Leiden aus dem Weg zu gehen; die Krankheit entsteht durch die Weigerung, die notwendigen seelischen Veränderungen zu vollziehen.«

Das ist doch eine Erklärung, denkt er, die auch ein Vertreter des 19. Jahrhunderts akzeptieren müßte! Aber der Herr von der »Gartenlaube« schüttelt noch immer mißbilligend den Kopf: »Ich bitte um Entschuldigung – aber mir scheint, es fehlt Ihnen in beklagenswerter Weise an Ehrfurcht vor der Größe des Schicksals, wie es sich in manchem menschlichen

Lebenslauf offenbart! Wenn ich Sie recht verstehe, wollen Sie darauf hinaus, daß E. Marlitt ihre Krankheit selbst verursacht hat durch Verfehlungen, die mir wie Tugenden erscheinen. Haben Sie denn keinerlei Sinn für menschliche Größe im Erleiden und Erdulden? Für mich gibt es den Schicksalsschlag, und ich bewundere das ›Trotzdem‹ und ›Dennoch‹, mit dem ein großer Mensch ihn hinnimmt und sich zugleich gegen ihn wehrt.«

»Wir wissen nicht viel über ihr Leben, aber die wenigen bekannten Fakten rechtfertigen meine Vermutungen durchaus«, sagt der Herr von der Psychoanalyse ein wenig lahm, zu den beiden anderen Herren gewandt, als wollte er sie um Unterstützung bitten.

»Die Wahrheit ist mehr als die Summe aller Fakten – selbst wenn man sie vollständig sammeln könnte«, antwortet der Herr Vorsitzende geheimnisvoll, »und Wahrheit und Wirklichkeit sind nicht identisch. Es gibt viele Wahrheiten und gar keine Wirklichkeit. Wenn Sie die Papiere der GESELLSCHAFT FÜR TRIVIALITÄT UND TRANSZENDENZ gelesen haben, die ich Ihnen zuschickte, kennen Sie diese unsere These.«

Der Herr von der Literaturwissenschaft gähnt. Er hat sich schon lange nicht mehr zu Wort gemeldet. Einerseits hält er nicht viel von solchen psychologisierenden Ansätzen, andererseits hat er sich bewußt zurückgehalten, weil in dieser Diskussion die Naivität des Herrn von der »Gartenlaube« noch einmal so schön offensichtlich wurde. Von den verstiegenen esoterischen Weisheiten, wie sie die GESELLSCHAFT anscheinend vertritt, hält er noch viel weniger. Ausschlaggebend für seine Teilnahme an diesem Fachgespräch waren in erster Linie das fürstliche Honorar, die großzügig bemessenen Spesen, ein bißchen Neugier sowie die Tatsache, daß er der Reise wegen ganz legitim eine Vorlesung ausfallen lassen konnte. »Sie haben noch nichts über die psychischen Bedingungen der Rezeption gesagt«, kommt er deswegen dem

Herrn von der Psychoanalyse zu Hilfe. »Was hat diese Frau aus psychologischer Sicht zur Erfolgsschriftstellerin gemacht?«

Das Gesicht des Herrn von der Psychoanalyse belebt sich: »Ein wichtiger Punkt, in der Tat! Das Phänomen E. Marlitt ist sehr geeignet, zentrale Probleme der weiblichen Identität zu erhellen, eben wegen der weiten Verbreitung der seelischen Konflikte, um die es in ihren Romanen immer wieder geht und die im Sinne infantiler Wunscherfüllung gelöst werden. Dichter sind laut Freud imstande, den Stoff so zu gestalten, daß die Abwehr des Lesers, wohl eher der Leserin in diesem Falle, ausgeschaltet wird und sie sich ohne Scham- und Schuldgefühl erlauben kann, die eigenen Phantasien in der Identifikation mit der Heldin zu genießen.«

»Da hat Freud vielleicht«, sagt der Herr von der Literaturwissenschaft herablassend, »ein weiteres Definitionskriterium für Trivialliteratur formuliert. Wahre Dichtung ist natürlich etwas ganz anderes. Sie kommt niemals solchen Bedürfnissen des Lesenden entgegen, sondern bleibt immer ein Ärgernis. Der Künstler muß an die Grenzen der Erkenntnis und damit der Gefährdung vorstoßen, er muß Wahnsinn und Verzweiflung riskieren und uns nicht Trost und Hoffnung, sondern beunruhigende, verstörende Erfahrungen vermitteln.«

»Die wirklich große Literatur ist die klassische – und sie ist ausgewogen, harmonisch, ja, ich möchte behaupten: versöhnlich!« ruft der Herr von der »Gartenlaube«.

»Moment! Moment!« sagt der Herr Vorsitzende von der GESELLSCHAFT FÜR TRIVIALITÄT UND TRANSZENDENZ, der offensichtlich verhindern möchte, daß die Diskussion in bereits bekannte Gleise einmündet. In diesem Augenblick tritt, nach kurzem Klopfen, das Dienstmädchen ein und flüstert ihm ein paar Worte zu.

»Sie werden am Telefon verlangt«, sagt dieser darauf zu dem

Herrn von der Literaturwissenschaft. »Eine Dame. Nein, nicht Ihre Gattin.« Der Herr von der Literaturwissenschaft verfärbt sich kaum merklich, steht auf und folgt eilig dem Dienstmädchen in den Flur hinaus.

Primär chronische Polyarthritis

Man sollte meinen, man gewöhnt sich im Laufe der Jahre daran. Doch ab und an können die Schmerzen nach Monaten der Ruhe plötzlich mit solcher Intensität aufflammen, daß ich – soweit ich dann überhaupt noch einen Gedanken fassen kann – denke: So schlimm war es noch nie. Diesmal ist es wieder das Kniegelenk, das rechte, ein schriller, hochgespannter, wie elektrischer Schmerz, der in das ganze Bein ausstrahlt... Diese Krankheit wünsche ich wirklich nur meinen verdientesten Feinden und denen, die sie mit einem Achselzucken abtun, weil sie sie mit ihrem eigenen Zipperlein verwechseln: Rheuma? Ach so. Habe ich auch oft, an feuchtkalten Tagen oder vor Wetterumschwüngen, ein Ziehen hier oben in der linken Schulter. An Rheuma stirbt man doch nicht, man muß damit leben.

Am frühen Morgen liege ich stöhnend im Bett und versuche, den unteren Teil meines Körpers nicht zu bewegen. Dr. Osswald kommt schon um halb acht, Alfred hat ihn angerufen, bevor er zur Schule fuhr. Ich muß furchtbar aussehen, blaß und fast zerstört von den Schmerzen, denn er schüttelt traurig den Kopf, während er in seinem schwarzen Koffer nach der Spritze sucht. »Sie wissen doch, Frau John, der Verlauf der Krankheiten des rheumatischen Formenkreises hängt in ganz besonderem Maß von der Mitarbeit des Patienten ab. Sie haben wahrscheinlich wieder zuviel gearbeitet!«

»Beeilen Sie sich!«

»Sie haben es wieder zwingen wollen und gegen sich selbst gelebt«, sagt er streng. »Denken Sie einmal nach: Was will mir mein Organismus mit diesem neuerlichen Anfall sagen?«

»Lieber Dr. Osswald, ich bin wirklich nicht dazu in Stimmung, nach dieser scheußlichen Nacht. Ein anderes Mal.« Es ist ein rührendes, zuweilen allerdings auch etwas irritierendes Ergebnis unserer langen Bekanntschaft, daß er so gern mit mir über sein sich veränderndes Verständnis der Medizin diskutieren möchte, über die Leib-Seele-Einheit, die seelische Disposition zum Rheumatiker. Zum Glück empfindet er sein pädagogisches Sprüchlein jetzt auch als unpassend, zumindest begnügt er sich damit und zieht die Cortison-Spritze auf, die er mir in solchen Fällen mit zunehmendem Widerwillen gibt. »Morgen und übermorgen werden Sie sich wieder furchtbar bei mir beklagen, wie schlecht es Ihnen geht«, kommentiert er vorwurfsvoll. »Wir wissen doch inzwischen, wie das Zeug bei Ihnen auf Magen und Kreislauf schlägt. Ich lasse Ihnen noch ein Rezept für Indigo-Phlogont retard da – das haben Sie das letzte Mal ganz gut vertragen. Hat vielleicht einer der Neffen oder Nichten schulfrei? Jedenfalls sollen sie es Ihnen gleich besorgen. Wenn die Schmerzen nicht nachlassen, können Sie morgen früh noch eine Spritze haben.«

Ich halte an Dr. Osswald fest, weil er nun schon seit über zehn Jahren zu uns ins Haus kommt, obwohl ich nebenher immer wieder einmal Spezialisten konsultiert habe, meist ohne Dr. Osswald davon zu erzählen – und im übrigen auch ohne jedes Ergebnis. Dr. Osswald ist ein sympathischer Mann, der interessant und amüsant erzählen kann. Er ist etwas verrückt und wird zunehmend verrückter – doch wer sonst macht heute noch Hausbesuche? Für mich und meine Familie ist er immer da, das betont er häufig; es schmeichelt ihm natürlich, eine berühmte Patientin zu haben, und um Ida eine Freude zu machen, guckt er auch den Kindern gelegentlich in den Hals. Früher war er überzeugter Schulmediziner, aber seit einigen Jahren entwickelt er ein wachsendes Interesse für die modischen Grenzgebiete der Medizin, die die meisten seriösen Ärzte von vornherein meiden. Ich habe überhaupt nichts dagegen, solange er mir weiter mein Cortison spritzt, das trotz aller Nebenwirkungen als einziges Mittel hilft, und solange er mich nicht bedrängt, meinen Lebenswandel zu verändern und meine Bequemlichkeiten aufzugeben.

»Wie wäre es diesmal mit ein paar Elektromassagen? Ich könnte Ihnen fürs erste zehn verschreiben?«

»Nein, danke, ich schätze diese Apparaturen nicht. Ich bevorzuge den Masseur am Markt und zahle lieber privat dafür.« Zumal es sowieso nichts nützt, sondern nur für das angenehme Gefühl ist.

Er entfernt sich, gute Besserung wünschend, und ich falle erst einmal aufatmend in die Kissen zurück, um zwei Stunden meines verlorenen Schlafs nachzuholen. Als Ida mir auf einem Tablett den Morgenkaffee und ein Hörnchen mit Marmelade bringt, dazu die Zeitung und die Post, sind die Schmerzen schon sehr abgeschwächt, sie winken sozusagen nur noch von fern, und glücklicherweise verspüre ich noch nicht die geringste Übelkeit im Magen. Die Pflegerin habe sie heute, des Anfalls wegen, erst auf elf bestellt, teilt Ida mir mit; mein Sekretär komme um vier – falls sie ihm nicht absagen solle? »Nein, Ida, Liebes, ich denke, bis dahin bin ich wieder auf dem Damm.«

Unter der Post ist schon wieder eine Broschüre über eine Rheuma-Diät. Ich habe sofort Dr. Osswald im Verdacht. Frühmorgens, nach dem Aufwachen, Frühtrunk aus einer wie folgt bereiteten Brühe: Kartoffeln in der Schale, Mohrrüben und Selleriewurzeln, die, gut gereinigt, in der Schale eine halbe Stunde ohne Salz gekocht werden. Der Absud muß über Nacht mit ein bis zwei Teelöffeln Leinsamen und ebensoviel Weizenkleie ziehen und wird morgens, leicht erwärmt, pro Person 1/2 Liter, auf nüchternen Magen getrunken. Bbrrr! Zum Frühstück mildsaure Milch, mit etwas Weizenkleie und Leinsamen sowie pulverisierten Hagebutten und Brennesseln, dazu Kartoffelbrei aus roh in siedendem Wasser geraffelten Kartoffeln, nur ein bis zwei Minuten gekocht. Ein bis zwei Tassen Schachtelhalmtee am Vormittag. Mittags: Rohsalate von Blatt- und Wurzelgemüsen, je nach Jahreszeit, nur keine Zwiebeln, Meerrettich, Lauch. Warum nicht? In der Schale gekochte Kartoffeln, Mohrrüben oder Selleriesaft, dazu eventuell etwas Rheumatikerbrot. Rheumatikerbrot? Wird hergestellt aus durch den Wolf gedrehten Kartoffeln, die mit Resten von geriebenen Rohgemüsen oder auch passiertem Grünkohl vermischt, mit Grahammehl angedickt und in dünnen Scheiben fettfrei ausgebacken werden. Igitt. Alle Zutaten sind im Reformhaus erhältlich.

Die bloße Lektüre läßt in mir Übelkeit aufkommen.

»Ernährung: Strikt verboten ist:

1. alles, was vom Schwein kommt,
2. alles, was vom Konditor stammt,
3. konzentrierter Alkohol.«

Statt dessen – Rheumatikerbrot und dieses Gesöff! Die Diät würde mich mit Sicherheit in wenigen Monaten unter die Erde bringen. Ich werde mir die Zusendung solcher Broschüren bei Dr. Osswald ein für allemal verbitten. Zumal es auch Ida auf Gedanken bringen könnte; sie deutet in letzter Zeit manchmal an, daß wir vielleicht etwas gesünder kochen sollten, fett- und fleischärmer, eher vegetarisch, nicht nur meinetwegen, sondern auch, weil Alfred ihr zu dick und kurzatmig wird. Sie besteht jetzt schon auf Apfelhäppchen zwischendurch, die ich hasse. Dabei steht hier sehr deutlich, daß der Rheumatiker Obst meiden soll, insbesondere Äpfel, Birnen, Beerenobst.

Die Broschüre findet einen würdigen Platz bei den anderen Kuriositäten.

»Neben Erbfaktoren gilt eine falsche Ernährung als Krankheitsursache.«

»Mit Sicherheit sind immunpathologische Vorgänge bei der rheumatischen Arthritis beteiligt: Der Organismus bildet vermutlich Antikörper gegen körpereigene und gesunde Substanzen, die er plötzlich als fremd einstuft, angreift und zerstört.«

»Mit Kaltgas gegen Rheuma.«

»Kombinationsbehandlung mit Krebs- und Malariamitteln.«

»Frischzelleninjektionen direkt in die Gelenke.«

»Endlich das perfekte Kunstknie.«

»Treten Sie der Deutschen Rheumaliga bei!«

»Die Rheuma-Selbsthilfegruppe tagt.«

»Risikofaktor: nächtliches Zähneknirschen.«

»Gehemmter Aggressionsausdruck als psychische Ursache?«

»Jetzt Laser-Therapie für Rheuma-Kranke.«

»Mit Enzymen gegen Rheuma.«

»Bäder und Massagen gleichermaßen hoffnungslos.«

»Ursachen der progredient chronischen Polyarthritis nach wie vor unbekannt.«

Bevor ich mich der weiteren Post zuwende, muß ich etwas gegen die aufsteigende Übelkeit tun. Ich klingele nach Ida. »Ja, mein Liebes?« – »Was haben wir heute zu Mittag?« – »Schweinebraten mit Rotkohl«, ist die sehr befriedigende Auskunft. Ida ist unübertroffen im Rotkohl, macht ihn immer noch selbst – uns kommt keine Konservendose ins Haus! »Und könntest du mir vielleicht ausnahmsweise ein kleines zweites Frühstück…? Die Nacht war so biestig… Und Obst soll gar nicht so gut sein bei Rheumatikern, habe ich gerade wieder gelesen. Ich dachte an ein Hefeteilchen, ja, und noch ein Täßchen Kaffee, es muß nicht sofort sein, vielleicht in einer halben Stunde. Eine kleine Stärkung. Damit ich heute wenigstens noch etwas zum Arbeiten komme.«

Herr Dr. Osswald, werde ich sagen, alles gut und schön, dieser neue Ansatz mit den ernährungsbedingten Zivilisationskrankheiten. Sicher ernähren wir uns als Menschheit seit Jahrhunderten und als Individuen von der Wiege an völlig verkehrt, und es leuchtet mir ganz unmittelbar ein, daß der Körper dafür nach vierzig oder fünfzig Jahren, bei manchen eher, bei anderen später oder gar nicht, seine Quittung kriegt oder gibt, je nachdem. Doch was mich betrifft, so habe ich im Leben allerlei einstecken und mich dauernd zusammennehmen und ständig irgendwelchen Sorten von Disziplin unterwerfen müssen; deswegen habe ich keineswegs vor, mich jetzt bei meiner Ernährung zu kasteien. Essen, gutes Essen, ist beinahe die einzige Freude meiner späten Jahre – und natürlich ein bißchen Ruhm, Einfluß und Geld –, und ich werde mich ohne schlechtes Gewissen daran vergnügen. Endgültig Schluß mit der Disziplin! Sollte ich dabei zu dick werden, da es mir im Rollstuhl an Bewegung fehlt, stelle ich eben zwei Pflegerinnen ein, damit sich die eine nicht den Rücken ruiniert, wenn sie mich bewegt. Und sollte ich zwei Jahre eher abtreten, ist es mir auch recht. Mein Lebenswerk ist ohnehin abgeschlossen, und ich bin ganz zufrieden damit. Ihre Aufgabe ist es dabei, meine Schmerzen zu lindern, dafür zu sorgen, daß mein Magen mitspielt, und die Unbequemlichkeiten der Krankheit in Grenzen zu halten. Sollten Sie Ihrerseits, lieber Herr Dr. Osswald, aber in Zukunft Selleriesaft mit Leinsamen vorziehen, statt des Gläschens Sherry, das Sie bisher gern bei mir nippten, so wird Ida sicher gern immer eine Kleinigkeit davon bereithalten, eigens für Sie hergestellt!

Die Schmerzen kuschen nach und nach, werden zum diffusen Hintergrund, und unter solchen heiteren Überlegungen öffne ich die Post. Es geht doch nichts über Post und Zeitung im Bett! Ich lasse mich im allgemeinen erst anziehen, wenn ich diesen Ritus genüßlich vollzogen habe. Auch hier gibt es einige angenehme Neuigkeiten. Mein Anlageberater schlägt vor, eines der beiden neuen Mietshäuser bald wieder abzustoßen, und rechnet mir große Gewinne vor, aber das hat bis Ende der Woche Zeit. Das Erste Deutsche Fernsehen ist an einer Verfilmung vom »Schillingshof« und von der »Zweiten Frau« interessiert. Mein Verlag kündigt an, daß er alle acht Romane wieder neu auflegen will – dummerweise habe ich immer noch nicht die Rechte am »Eulenhaus« zurück, was um so ärgerlicher ist, als W. Heimburg ja kaum etwas daran getan hat. Die ganze Idee war doch schon da, und sie hat die Geschichte so dürftig ausgeführt! »Sehr geehrte gnädige Frau...«, es schreibt der Verlagsleiter, nicht der Lektor, »...sind derzeit nur noch Ausgaben aus den fünfziger Jahren des 20. Jahrhunderts in billiger und anspruchsloser Aufmachung in den Antiquariaten aufzutreiben... diese aber in letzter Zeit wieder außerordentlich gefragt... Liebhaberpreise werden für die alte illustrierte Gesamtausgabe gezahlt... Die Anfang der siebziger Jahre in den Nostalgie-Taschenbuchreihen der Verlage Fischer und Heyne erschienenen Bände sind restlos vergriffen... würden wir daher vorschlagen und bitten um Ihr Einverständnis... Selbstverständlich sind wir auch bereit, unsere finanziellen Vereinbarungen nochmals zu überprüfen und den veränderten Bedingungen anzupassen... Wenn Sie Ihre Vorstellungen äußern würden, wären wir dankbar...« Das will ich ihnen auch geraten haben. Alfred fragen, was er davon hält. Allmählich werden sie etwas höflicher, die Ganoven! Es paßt mir auch nicht, daß sie gekürzte, verstümmelte Ausgaben meiner Romane auf den Markt gebracht haben, nur um billiger anbieten zu können. Ich muß die Sache mit meinem Juristen durchsprechen. Sie berufen sich auf langjährige Praxis; es seien seit »Gartenlaube«-Zeiten immer wieder auch gekürzte Fassungen meiner Romane in Umlauf gebracht worden. Aber ich denke nicht daran, mir von ihnen gefallen zu lassen, was ich von Keil noch akzeptieren konnte. Heute würde er es auch nicht mehr wagen. Die Sache paßt mir nicht. Ich werde dem ein Ende setzen, möglicherweise den Verlag wechseln. Ein Verlag mit etwas mehr literarischem Profil, eine Ausgabe in etwas geschmackvollerer Ausstattung wäre mir lieber. Eventuell könnte überhaupt die E. MARLITT-Stiftung beziehungsweise die GESELLSCHAFT selber die Edition übernehmen – ich werde prüfen lassen, wie das finanziell und steuerrechtlich aussähe, was an Möglichkeiten darinsteckt.

Es duftet wunderbar nach Rotkohl im ganzen Haus, nach Rotkohl und Braten. Die anderen werden bereits gegessen haben. Aber leider rebelliert inzwischen mein Magen. Das leidige Cortison! Ich werde Ida bitten, mir heute abend etwas aufzuwärmen, vielleicht geht es dann wieder, wenn ich zuvor ein paar Magentabletten kaue.

Heute nachmittag müßte ich dringend Briefe diktieren. Alfred meint, etwas PR müsse sein von Zeit zu Zeit, wohldosiert. Zum Glück brauche ich mich nicht selbst um diese alberne Expertenrunde zu kümmern; die Sache läßt sich offensichtlich ein bißchen zäh an, aber für die GESELLSCHAFT versprechen wir uns unterm Strich doch einiges davon.

Das Leben, durch das Fenster betrachtet
(Tagebuchnotizen aus den letzten Jahren)

Das Eichhörnchen wieder auf seinem Weg durch die vier Bäume vor meinem Fenster: von der Buche zum Ahorn, vom Ahorn auf die Kastanie, von der Kastanie in die Linde. Zwischendurch hält es inne und scheint zu mir herüberzuspähen. Ich bin lange krank gewesen. Wenn man zum ersten Mal wieder am Fenster sitzt, ist man wie geblendet von all dem Licht, schwindlig von der Fülle der Farben. Für dich ist es draußen noch zu frisch, sagt Ida, als ich sie bitte, mich zu meinem Platz unter der Kastanie zu schieben. Immerhin scheint die häßliche Grippe für diesmal überwunden. Elsa bückt sich über dem Kräuterbeet, sät Petersilie, Suppenkraut. Frühling allenthalben.

Die Kastanie ist am weitesten, hat schon ihre hellgelben Fingerlinge ausgestülpt. Der nächste ist der Ahorn, seine Blattknospen sind länglich und hellgraugrün. Bei Buche und Linde rührt sich noch nichts. Der aufgedeckte Sandkasten, in dem bunt das Spielzeug leuchtet – aber heute sind auch die Kinder nicht draußen. Der plötzliche Frühlingsregen hat die grüne Frische des Grases noch eine Spur leuchtender gemacht. Mein Fenster ist einen kleinen Spaltbreit geöffnet. Ich strecke, soweit ich das von meinem Rollstuhl aus kann, die Hand hinaus, atme die milde würzige Luft tief ein. Wehmut – wie jedes Jahr um diese Zeit, unbestimmte Traurigkeit.

Wie verschieden die Bäume zu grünen beginnen! Ich vergesse es von Jahr zu Jahr wieder. Noch ist die Rotbuche kahl, da blüht schon die Kastanie; neben ihr ist der Ahorn von frischgrünem Blattwerk so über und über bedeckt, daß nur der Ausdruck »Blätterkleid« es anschaulich beschreibt, nichts mehr zu sehen von Stamm und Ästen, während bei der Linde nur hier und da zartes Blattgrün rings um das schwarze Geäst getupft ist, wie durchsichtig.

Oh, wie herrlich streift jetzt ein kleiner Windhauch die Haselnußhecke! Es ist ein warmer Junitag; ich kann unter meiner Kastanie sitzen, das Manuskript auf dem Schoß; sie haben meinen Rollstuhl hinausgeschoben. Es blüht und duftet ringsum. Weiter hinten spielen die Kinder unter den Obstbäumen mit dem Ball, sie lachen und rufen, und gleich wird ihnen Ida ihre Sauermilch in den Garten bringen. Unendlich hoch scheint über mir der Himmel, wenn ich meinen Kopf, den schwer beweglichen, soweit ich nur kann in den Nacken lege; es ist der hohe blaue Himmel meiner Kindheit, und kleine weiße Wölkchen eilen hoch oben über den großen alten Bäumen dahin. Als lautlos der schwarze Kater über die efeubewachsene geborstene Gartenmauer setzt, bricht in den Büschen hinter mir das warnende Gezeter der Amseln los.

Abend im Juni. Unter der Kastanie im Garten verglimmt langsam das Feuer im Dämmern. Eine gescheckte Katze schleicht über die Mauer. Am verlassenen Gartentisch drei Stühle, der eine umgestürzt, zwei vergessene Becher und der wehende Zipfel des festgeklemmten Tischtuchs. Die Brüder sind wieder fort; Alfred hat sie zur Eisenbahn begleitet.

Der kleine August hat seit gestern die Windpocken und liegt im Bett; wie ein kleiner Streuselkuchen schaut er aus, seine blasse Haut ist mit roten Pusteln über und über bedeckt, die er immer wieder aufkratzen will. Ob du ein wenig Zeit hast, ihm etwas vorzulesen? fragt mich Ida zögernd, denn heute ist

Waschtag. Das tue ich gern. Es gibt ohnehin so wenig, was ich tun kann. Ich lese ihm von der »Hasenschule« vor, während am Fenster ein weicher Sommerregen vorüberrauscht.

Ein vollkommener Julitag. Das Mädchen hat vorsichtshalber an meinem Lieblingsplatz unter der Kastanie noch einen Sonnenschirm aufgestellt, denn es ist sehr heiß. Die Blumen ringsum hängen schlaff in der Hitze. Ob sie heute abend mit der Gießkanne herumlaufen müssen oder ob das erwartete Gewitter pünktlich eintrifft? Spätnachmittags lastet eine schwere Schwüle über dem Tal, selbst bei uns, auf dem Hügel, regt sich kein Lüftchen. Mit diesem Roman komme ich noch schwerer voran als mit dem vorigen; es muß wohl erst wieder Winter werden.

So muß sich eine Katze fühlen, die sich genießerisch dehnt in der Septembersonne! Sonne, Sonne, noch soviel wie möglich!
Bald ist doch für Monate wieder alles vorbei. Dann nur noch das Zusammenschaudern beim Blick aus dem Fenster, monatelang das Leben nur durch das Fenster von drinnen nach draußen betrachten. Von Jahr zu Jahr schrumpfen meine Kreise, werden meine Bewegungen sparsamer, brennt die Lebensflamme schwächer, schreibe ich langsamer.
Und doch sollte ich froh sein über den Platz hinter meinem Schreibtisch am Fenster, über die vier Bäume, an denen ich die Jahreszeiten ablesen kann, und die Lindenallee, die ich gelegentlich mit dem Fernglas auf und ab wandere.

Meine Freunde, die Bäume. Wenn der Wind sie durchrüttelt, wenn Herbst und Winter und endlich wieder das Frühjahr über sie hinweg- und durch sie hindurchgehen. Immer sitze ich ihnen gegenüber und nehme Anteil. Herbstfrische, und die Wolken sausen nur so über dem nackten Geäst dahin, jetzt schlägt kalter Regen auf sie ein. Am graziösesten windet sich die Linde im Sturm.

Heute früh sah ich auf dem Rasen erstmals Rauhreif in diesem Jahr, Vorbote des Winters. Gegen acht Uhr schob sich eine weißgelbe Sonne aus dem blaßgrauen Himmel hervor, der sich dann rasch tiefblau färbte. Mein freundliches kleines Gefängnis im Herbstgarten; mich fröstelt beim bloßen Hinausschauen. Dein Arbeitszimmer ist völlig überheizt, sagt Ida kopfschüttelnd. Deswegen erkältest du dich auch beim kleinsten Lufthauch. Laß ihr doch das Feuer im Ofen, sie hat ja überhaupt keine Bewegung, entgegnet Alfred. Ernst zieht sich immer als erstes die Jacke aus, wenn er einmal bei mir hereinsieht: Hier würde ich es keine zehn Minuten aushalten. Wenn Elsa zum Lüften kommt – zweimal vormittags, zweimal nachmittags –, wickelt sie mich zuvor fest in die Wolldecke, Kopf und Hals in einen großen Schal. Fünf Minuten frische Herbstluft, das tut gut.

Im November ist es tröstlich, die Geräusche der anderen im Haus von weitem zu hören. Ida, wie sie den Mädchen oder der Köchin von oben nach unten Anweisungen zuruft, Ernst, wie er die Treppe hinauf und hinunter läuft und manchmal dabei pfeift. Alfreds schweren Schritt erkenne ich im Flur schon vom Eingang her, wenn er sich meinem Zimmer nähert. Sein Räuspern in regelmäßigen Abständen, als müsse er ständig aufs neue seine Luftwege freilegen. An anderen Tagen wieder läßt mein Gehör mich im Stich, und ich bin in den Stunden zwischen den Mahlzeiten ganz vom häuslichen Leben abgetrennt, fahre zusammen, wenn Ida plötzlich in der Tür steht und überlaut ruft: »Möchtest du eine Tasse Schokolade?«
Die Linde ist jetzt kahl; an der Kastanie zappeln nur noch

wenige vergilbte Fingerlinge. Lediglich der Ahorn ist noch verhältnismäßig dicht belaubt, aber auch seine Blätter gelblich-braun. Es ist sehr feucht in diesen Tagen und noch nicht eigentlich kalt; der schwache Wind und die milde Luft wühlen mich seltsam auf. Woher diese Unruhe, fast wie im Frühling, Erinnerungen, Sehnsüchte, ganz plötzlich... Woher? Wohin? Schnell, schnell nach den zuletzt geschriebenen Seiten greifen, ehe die Traurigkeit mich vollends überschwemmt.

Gestern hat Alfred einen Tannenbaum oben am Waldrand geschlagen; bald ist es wieder so weit. In diesem Jahr wird nur Hermann mit seiner Familie zum Fest kommen. Der Schnee liegt reichlich zwei Fuß hoch, pappiger Neuschnee. Die Kinder sind mit dem Schlitten unterwegs, nicht beim kleinen Hang am Garten, sondern weiter außerhalb, hinter den Eichen. Der Geruch der Weihnachtsbäckerei durchzieht das Haus; Ida bringt mir zwischendurch ein wenig Bruch zum Naschen.

Ein strahlender Wintermorgen. Der Schnee türmt sich auf meinem Fensterbrett, und nachdem es gestern den ganzen Tag in winzigen Flocken aus grauem Himmel fast unsichtbar geschneit hat, ist nun das Ergebnis klar zu erkennen. Verfroren ragen die nackten Arme der Büsche aus der Schneedecke. Die Tannen tragen Hüte, und die Äste und Stämme der Laubbäume Pelzbesatz. Und dann erschrecke ich fast: Da sind sie, schon jetzt Anfang Februar, die Knospen der Kastanie, dick und prall in der trügerischen Sonne glänzend! Verräterische Hoffnung, wehmütiges Glück.
Es herrscht bitterer Frost seit Tagen. Die Sonne ist klein, ein fester runder apfelsinenfarbener Ball, im dunstigen Morgengrau beinahe mit dem Mond zu verwechseln, nur eine winzige Spur roter. Jetzt schwebt der Apfelsinenball zwei

Finger breit über dem bewaldeten Hügel. Schwarze Dohlen, aufgeplustert, zetern vor dem schwarz-weißen Hintergrund. Dann wieder ahnungsvolle Tage wie heute, wo vor blauem Himmel ein pathetischer Sonnenschein weit im voraus den Frühling ankündigt. Die Vögel in den Büschen geben ein übermütiges Konzert, und über den Rasen saust der Hund wie toll hin und her, her und hin. Noch einmal laufen zu können, nur ein einziges Mal!

Im März beginnt die Zeit, in der mir die feuchten, klebrig glänzenden Knospen der Kastanien als das Bedeutungsvollste in meinem Leben erscheinen. Sichtbar schießt Lebenssaft, Frühlingskraft in diese grünlichen Verdickungen. Was sucht die verirrte Wespe in meinem Arbeitszimmer? Ich war ängstlich, klingelte wie wild nach dem Mädchen, das mich in meine Decke wickelte, das Fenster öffnete und das Ungetüm hinausscheuchte. Die den Winter überlebt haben, sind die schlimmsten, sagt die gutmütige Elsa mir zum Trost, als ich mich meiner Ängstlichkeit schäme. Noch nichts tut sich bei der Linde, schon gar nichts bei der Buche, aber ein kaum sichtbarer grüner Hauch hängt über den Ahornzweigen. Im Blickfang meine Kastanienknospen wie Frühlingsposaunen, grüngraue Halbrundungen und daraus hervorgereckte, nach oben zeigende Schwertspitzen.

Ich bin recht krank gewesen und sitze heute seit zwei Wochen zum ersten Mal wieder an meinem Arbeitsplatz. Der Frühling hat einen mächtigen Sprung nach vorn getan in der Zwischenzeit, auch ohne mich als Zuschauerin. Aber hier sitze ich. Dies ist mein Schreibtisch. Meine Baumkronen dort draußen, schon ganz in junge Blätter gehüllt, mein feuchtglänzender Rasen, mein eigenes, wenn auch kleines Stückchen grauen Himmels. Ich lebe noch. Der dünne warme Regen dort draußen wird dem Wachstum guttun.

Nun liege ich schon wieder tagelang fest zu Bett. Regenstreifen knistern am Fenster entlang. Ich kann nur, weit weg, ein paar Äste vor dem Fenster erkennen. Ida hat mir eine Wärmflasche gebracht, einen Magentee, gleich werde ich wieder einschlafen. Ein Rückfall, aber ich fühle, daß ich wieder über den Berg bin. Ich bin auch diesmal nicht gestorben. »Schlaf nur«, sagt Ida, die kommt und geht.

Es regnet und ist dunkler draußen als sonst um diese Tageszeit. Alle Farben sind sanft, und der Himmel scheint pastellen; Bäume und Büsche glänzen und strotzen vor Feuchtigkeit und Fruchtbarkeit. Das ist ein sonderbarer Kontrast zwischen mir und der Natur vor meinem Fenster. Bäume und Büsche platzen geradezu aus den Nähten, aus Stämmen und Ästen vor Wachstumsungeduld und prahlerischem Kraftüberschuß, während ich hier liege und nichts tue als schauen, und schrumpfe, immer mehr in mich selbst hineinwachse von Jahr zu Jahr.

Die Kastanie verblüht in schmutzigen Farben. Die Linde ist inzwischen so dicht begrünt, daß man keine Äste mehr, nur noch hier und da dunkle Stellen vom Stamm sieht. Wieder hatte ich vergessen, wie dicht das Laub der Linde wird, obwohl ich es mir ganz bestimmt merken wollte. Die Blutbuche, daran erinnere ich mich, wird so dunkelrot, daß sie im Abendlicht fast schwarz erscheint. Alfred kommt die Lindenallee entlang, zurück von der Schule. Sein Gang ist schwerfällig geworden; er stutzt, sucht mit dem Blick nach meinem Gesicht hinter dem Fenster, und winkt mir zu. An der Hausecke hat das neue Dienstmädchen eine Leine gezogen und hängt die Wäsche auf: weiße Hosen und Hemden blähen sich im Wind.

Als der Sturm aufkam, die ersten dicken Regentropfen fielen, saß ich noch in meinem Rollstuhl unter der Kastanie. Sie hatten das Aufkommen des Unwetters nicht rechtzeitig bemerkt, waren allesamt in der Küche mit Bohnenschnippeln beschäftigt: Ida, Ernsts Gattin Augustine, die Köchin und die Mädchen. Dann kamen sie angerannt, Elsa und der Gärtner Heinrich, während ich, rufend, schon ganz naßgeregnet war und nur die Seiten meines Manuskripts mit dem vornübergebeugten Oberkörper und dem Zipfel der Decke zu schützen suchte. Die dampfenden Holzbretter im Regen. Als Kind habe ich meine Arme ausgestreckt im warmen Sommerregen, habe mir die Oberkleider ausgezogen und bin darin herumgetanzt. Jetzt schieben sie mich hastig ins Haus. Elsa kleidet mich sofort aus und zieht mir trockene Sachen an. Sie haben Angst, ich könnte mir wieder eine Erkältung zugezogen haben. Ich habe vor Aufregung gar nicht genießen können, das wonnige Erschauern, das tiefe Einsaugen der köstlichen Luft, die so gut riecht, wenn nach großer Hitze der erste Regen fällt.

Der Mond hinter der Linde ist rot. Das Wetter, heißt es, soll umschlagen. Es hat in diesem Jahr reichlich Pflaumen gegeben. Ida strickt an einem Pullover für die kleine Wilhelmine. Der Himmel hängt tagelang dunkel, und es plästert nahezu unaufhörlich, dazwischen Böen, aufgewühlte Bäume.

Draußen in den Linden rauscht der Regen, beruhigend, und dazwischen vernehme ich plötzlich den Fetzen einer Flötenmelodie. Wer ist das? Wer spielt da auf der Flöte, gekonnt und gefühlvoll? »Der Sohn der Nachbarn«, sagt Ida verwundert, »übt manchmal Flöte, doch es scheint mir ganz und gar unglaublich, daß du das von hier aus gehört haben willst, sie wohnen doch zur anderen Seite hin und ein gutes Stück entfernt – und gerade du mit deinem schwachen Gehör!«

Herbstlich erschien mir heute morgen der Frühdunst, beinahe schon winterlich, und »Herbstlich draußen!« war auch Alfreds erste Bemerkung, als er mich heute morgen nach seinem Spaziergang begrüßte.

Voll und rund die Zinnien, die Dahlien, die Astern blau und schon vielköpfig erblüht, eine große Margerite hebt vor meinem Fenster ihr weißes Gesicht. Stark ist der Blumenduft an diesem Frühherbstabend. Noch kann ich draußen sitzen, in Decken gehüllt – wer weiß wie lange? Jetzt gibt es wieder Spinnennetze vor meinem Fenster, wie in jedem Herbst – da weben sie emsig hin und her, und die silbrigen Fäden zittern im Wind.

Herbe Morgen, kühle Abende. In meinem Ofen brennt ein gutes Feuer. Der Herbst ist zum Arbeiten gerade recht; ich will noch einmal mit einem neuen Roman anfangen, auch wenn ich mich immer müde fühle in diesen Tagen. »Das Eulenhaus« ist ein schöner Titel. Am Ahorn überall die Fruchtgehänge, die die Kinder, wie wir früher, »Nasen« nennen und sich auf die eigene Nase ins Gesicht kleben. Ich muß arbeiten, gegen die Traurigkeit. Die Fingerlinge der Kastanien haben in den letzten Tagen gelbe Ränder bekommen, und das Kleid der Linde wird unübersehbar gelb. Die Kinder spielen noch vergnügt draußen im Garten, stundenlang, aber für mich ist es wohl wieder vorbei mit der freien Natur.

Ich bin recht froh, daß die Spinne vor meinem Fenster noch lebt, die gestern vor meinen Augen von einer Wespe angegriffen wurde. Sie stürzte nach dem Überfall ab wie vom Blitz getroffen, starr, wie tot oder betäubt fiel sie hinunter. Doch heute morgen krabbelte sie zur gewohnten Zeit wieder aus ihrem Versteck in der Mauer gravitätisch über ein tragendes Seil in die Mitte ihres Netzes und begann mit den

Reparaturarbeiten. Ich war erleichtert. Man hängt sein Herz sogar an eine Spinne, wenn sie ein regelmäßiger und vertrauter Nachbar ist. An der Innenseite des Fensters sähe ich sie allerdings nicht so gern!

Letzte Nacht ist das Wetter umgeschlagen. Die Linde wird schütter. Winde wühlen in den Baumkronen. Unser Garten ruht, in Laub versunken, begraben unter Laub liegt auch der Sandkasten; einsam zappelt die Schaukel am weit ausgereckten untersten Arm der Buche. Bis jetzt hatten wir einen sonnigen, ungewöhnlich warmen September. Nun ist es so weit. Es beginnen die Monate mit den feuchtkalten Namen. Manchmal jetzt bin ich grundlos sehr traurig. Bald kommt der Winter draußen mit feinem lautlosen Schnee, der unaufhörlich fallen und uns einkreisen wird. Mit ihm die eisiggraue Stille und die Kälte, das Gefühl der Bedrückung, die ergebene Angst und das Warten.

Beim Wiederfinden meiner Gedichte
aus der Jugendzeit

»Ich fand ein altes Buch als Ruhestatt,
Drin haben meine Lieder lang gelegen;
Es quoll aus dem vergilbten alten Blatt
Mir wahrer Maienblütenhauch entgegen.
Mein krankes Herz, vom steten Ringen matt,
Durchlebte da ein längst vergessnes Regen.
Es taucht empor mein einstig Hoffen, Träumen
Aus der Erinn'rung dunkelgrünen Räumen.

Die Geister wallten durch die Dämmernacht
Von längst dahingeschied'nen Lebensplänen.
O junges Herz, in deiner Blütenpracht,
Du nahmst für echtes Gold dies falsche Wähnen!
Es wandelt stets des Schicksals finstre Macht
Heimtückisch jeden Wunsch zu bittren Thränen.
Die Jugendträume, lieblich und erhaben –
Ich hab sie alle still und leis begraben.

So ist, was kühn das Herz gewollt, zerschellt –
Der Hoffnung Grün umhüllt mit Trauerflören;
Es glimmen unter jener Trauerwelt
Nur Wünsche noch, die nicht der Welt gehören,
Nicht jener Macht, die grausam sich gefällt
Im ewigen Vernichten und Zerstören.
Ruh aus, empörtes Herz, in dem Gedanken,
Daß sich der Hoffnung Zweig' ins Jenseits ranken.[74]

Die Expertenrunde V:
Die Gesellschaft für
Trivialität und Transzendenz

»Unser kleines interdisziplinäres – und wenn ich so sagen darf: auch intertemporäres – Expertengespräch ist hiermit beendet«, stellt der Herr Vorsitzende fest. »Kaffee und Kuchen werden gleich nebenan serviert. Im Namen der GESELLSCHAFT FÜR TRIVIALITÄT UND TRANSZENDENZ möchte ich Ihnen noch einmal sehr herzlich für Ihr Kommen danken.«

In der vorangegangenen halben Stunde ist abschließend vereinbart worden, daß jeder der Herren sich mit einem kurzen Papier – zehn bis fünfzehn Seiten – an der von der GESELLSCHAFT geplanten Broschüre »E. Marlitt – Mythos und Wirklichkeit« beteiligen wird, einzusenden innerhalb der nächsten vier Wochen an das Büro der GESELLSCHAFT FÜR TRIVIALITÄT UND TRANSZENDENZ hier im Hause, Marlitts-Heim, Arnstadt. Der Herr Vorsitzende selbst wird die Herausgabe besorgen und sie mit einer fundierten historisch-soziologischen Einführung versehen. Der Herr von der »Gartenlaube« schätzt sich glücklich, das Thema »E. Marlitt in der Sicht ihrer Zeitgenossen« bearbeiten zu dürfen. Der Herr von der Literaturwissenschaft hat sich bereit gefunden, die Frage der »Definition der Trivialliteratur in der Zeit ihrer Entstehung im 19. Jahrhundert am Beispiel der Romane E. Marlitts« zu behandeln. Es sind ihm gleich zwei Studenten eingefallen, die er für durchaus fähig hält, im Rahmen eines umfassenderen Referates solide Vorarbeit zu leisten. Der Herr von der Psychoanalyse schließlich will sich über die »Frühe Fixierung auf die präödipale phallische Mutter und die spätere psychosomatische Symptombildung bei E. Marlitt« äußern. Gewagte Thesen will er da formulieren, die vermutlich heftige Kritik bei den Kollegen hervorrufen werden, aber genau das reizt ihn. Das Honorar ist auch sehr anständig: eine Pauschale von 3 000 DM pro Beitrag.

Man hat eine Weile darüber disputiert, ob der Titel der Broschüre nicht statt »E. Marlitt – Mythos und Wirklichkeit« besser »E. Marlitt – Mythos und Wahrheit« lauten sollte, denn um die Wahrheit und nichts weniger geht es hier ja schließlich, oder etwa nicht? Doch dann hat man sich auf den bescheideneren Anspruch »Mythos und Wirklichkeit« geeinigt. Es sei schon schwierig genug, sich der Wirklichkeit zu nähern, meinte der Herr von der »Gartenlaube«, während der Herr von der Psychoanalyse fand, »Die Wahrheit über Eugenie Marlitt« klinge für ihn wie der Titel eines Kriminalromans, was wiederum den Herrn von der Literaturwissenschaft zu der Äußerung bewog, man solle auf jeden Fall die seriösere, wissenschaftlicher klingende Formulierung wählen.

»Ich würde dann gern bald aufbrechen«, bemerkt der Herr von der Literaturwissenschaft mit einem bedeutsamen Blick auf die Uhr.

»Wir haben für Sie alle im ›Goldenen Greif‹ am Markt Zimmer reserviert«, sagt der Herr Vorsitzende rasch, »und wir hatten uns auch vorgestellt, daß Sie heute abend noch bei einem gemeinsamen Essen dort unsere Gäste sein würden; morgen vormittag sollte dann eine kleine Rundfahrt durch das gegenwärtige und historische Arnstadt unser Programm abrunden.«

»Oh, danke sehr, aber ich möchte doch lieber heute noch zurück. Nachtfahrten machen mir gar nichts aus«, beteuert der Herr von der Literaturwissenschaft. Seine Unruhe ist unübersehbar. »Es geht doch nicht an, daß die Familie immer unter diesen wissenschaftlichen Wochenendveranstaltungen leidet«, sagt er beiläufig erläuternd zu dem Herrn von der

»Gartenlaube«, der voller Zustimmung nickt, während der Herr von der Psychoanalyse nur vielsagend lächelt. »Wie sieht es mit der Reisekostenabrechnung aus? Erledigen wir das gleich hier – oder lieber schriftlich?« Der Herr Vorsitzende händigt ihm ein Formular aus. »Wenn Sie nur hier und hier ausfüllen wollen, kann ich Ihnen das Geld gleich bar auszahlen.«

»Sagen Sie, diese Gesellschaft... Ich meine, die GESELLSCHAFT FÜR TRIVIALITÄT UND TRANSZENDENZ, der Sie vorstehen... was machen Sie da eigentlich genau?« fragt der Herr von der Psychoanalyse inzwischen den Herrn Vorsitzenden. »Ich habe die Broschüre gelesen, die Sie uns zuschickten, aber ich kann es mir trotzdem nicht recht vorstellen.«

»Wir beschäftigen uns mit Kulturförderung im weitesten Sinne, vor allem mit Film- und Literaturförderung. Allerdings auf kommerzieller Basis: Wir erwerben Anteile an den geförderten Projekten. Es geht uns darum, frühzeitig publikumswirksame Stoffe in Romanen und Filmen zu erkennen – Trivialität allerdings auf höchstem kulturellem Niveau, verstehen Sie mich recht – und angemessen zu lancieren. Zu diesem Zweck analysieren wir auch die philosophischen Grundlagen des Trivialen, die psychischen und soziologischen Bedingungen der Rezeption. Ein anderer Interessenschwerpunkt der GESELLSCHAFT ist die Esoterik – wiederum auf höchstem Niveau, und die Chancen ihrer Vermarktung –, da bestehen sehr enge Zusammenhänge. Wir fördern unter anderem den Austausch von abendländischem und östlichem Gedankengut, bieten Kurse an in Meditation, Yoga, Astrologie, transzendentaler Selbsterfahrung.«

»Aha. Sehr interessant«, erwidert der Herr von der Psychoanalyse, ohne recht zu verstehen.

»Wissen Sie, die gegenwärtigen Vorstellungen von Wissenschaft und Wissenschaftlichkeit sind unserer Meinung nach

viel zu eng«, fährt der Herr von der GESELLSCHAFT FÜR TRI-
VIALITÄT UND TRANSZENDENZ in vertraulichem Ton fort. »Sie
werden mir sicher darin recht geben, denn auch Ihre Disziplin, die Psychoanalyse, hat Schwierigkeiten, als ›richtige‹
Wissenschaft anerkannt zu werden. Sie hätten auf unserer
letzten Jahrestagung dabeisein sollen, als der Dalai Lama, ein
Vertreter Bhagwans und führende amerikanische und
europäische Wissenschaftler über die Sehnsucht des gegenwärtigen westlichen Menschen nach östlicher Religiosität
diskutierten!«
»Solche Kongresse werden auch von Ihrer Gesellschaft veranstaltet?«
»Solche und andere. Dabei müssen Sie wissen, daß wir keinerlei öffentliche Zuschüsse benötigen – obwohl unsere
Ziele im höchsten Maße förderungswürdig, eben weil kul-
turfördernd, sind. Wir tragen uns selbst: Spenden, Teilneh-
merbeiträge, Eintrittskarten – die Menschen sind bereit zu
zahlen, wenn es um Trivialität und Transzendenz geht. Er-
klärtes Ziel unserer Gesellschaft ist es, im Trivialen das
Transzendente zu suchen. Erinnern Sie sich einmal an die ur-
sprüng-liche Bedeutung des Wortes ›trivial‹: lateinisch tri-
vium, trivia – drei Wege, die Stelle, wo drei Wege sich kreu-
zen, zusammenstoßen, Kreuzweg. Deswegen auch ›allem
zugänglich‹, daher ›platt, abgedroschen‹. Aber Sie werden
nicht leugnen, daß da, wo drei Wege zusammenstoßen, auch
ein zutiefst bedeutsamer Ort ist, und genau an diesem Ort,
meinen wir, lassen sich Grenzen überschreiten vom Besonderen zum Allgemeinen, vom Konkreten zum Abstrakten,
von dieser in eine andere Welt. Wir von der GESELLSCHAFT
glauben, daß sich im Trivialen das Transzendente offenbart –
und unsere großen Erfolge geben uns recht.«
Der Herr von der Psychoanalyse hat, obwohl er sehr aufmerksam zuhörte, immer noch nicht ganz verstanden und
würde gern weiterfragen, worum es eigentlich geht: eine

neue Sekte? Oder nur ein zwielichtiges Unternehmen, das außerordentlich geschickt auf dem Psycho- und Esoterik-Boom schwimmt? Aber der Herr von der Literaturwissenschaft, unruhig und gehetzt, will seine Spesen quittieren und fort.

»Kann ich vielleicht noch etwas für Sie tun, bevor Sie aufbrechen?« fragt ihn der Herr Vorsitzende forschend, während er ihm die Scheine hinblättert. »Gern würden wir Ihnen, als kleine Service-Leistung unserer GESELLSCHAFT, kostenlos ein Horoskop erstellen, die Tarot-Karten legen, Handlinien lesen oder Ihre persönlichen Energieströmungen auspendeln. Allerdings ist bei der Kürze der verfügbaren Zeit nur das Kleine Horoskop möglich, für das Große sind mehrere Stunden erforderlich.« Das Gesicht des Herren von der Literaturwissenschaft rötet sich. Er weiß nicht, ob er empört oder gar nicht reagieren soll; er zögert.

»Sie betreiben derlei Hokuspokus doch hoffentlich nicht ernsthaft?« fragt er schließlich, verunsichert.

»Es steht Ihnen frei, die Sache als bloße Spielerei zu betrachten. Es ist bloß ein Angebot, ein kleines Dankeschön. Sie erhalten Ihre Informationen streng vertraulich, im verschlossenen Umschlag.«

Der Herr von der Literaturwissenschaft sieht fragend den Herrn von der Psychoanalyse an. »Ich bin stolz darauf, ein Kind der Aufklärung und des wissenschaftlichen Zeitalters zu sein«, erklärt der Herr von der »Gartenlaube« vergnügt, »aber ich habe mir ein wenig Gläubigkeit gegenüber dem Unerklärlichen bewahrt – was müssen Sie für so ein kleines Horoskop von mir wissen? Auch Goethe soll an die Sterne geglaubt haben«, bemerkt er, dem Herrn von der Literaturwissenschaft zugewandt.

»Also gut«, sagt dieser mit verächtlich verzogenem Mund, »ein netter Spaß, ein Mitbringsel, damit meine Kinder etwas zu lachen haben.«

Alle drei Herren notieren Datum und Stunde sowie Ort ihrer Geburt auf kleinen Zetteln, die der Herr Vorsitzende einsammelt. Er verschwindet, um sie in seinem Büro in den Computer einzugeben. Es dauert nur fünf Minuten, bis er zurückkehrt. Die Herren, nervös und verlegen, warten auf ihn. Der Gesprächsstoff ist ihnen ausgegangen. Der Herr von der »Gartenlaube« steht sehr aufrecht, leicht auf eine Stuhllehne gestützt, und blickt unbewegt aus dem Fenster. Der Herr von der Psychoanalyse sitzt, die Beine übereinandergeschlagen, und klopft mit den Fingern abwechselnd auf den Tisch, als spiele er auf einem unsichtbaren Klavier. Der Herr von der Literaturwissenschaft, schon reisefertig im Regenmantel, läuft auf und ab, zieht seinen Autoschlüssel aus der Tasche, betrachtet ihn und steckt ihn wieder ein. Da steht schon, verbindlich lächelnd, der Herr Vorsitzende in der Tür, drei verschlossene Umschläge im DIN-A-5-Format in der Hand. »Bitte sehr. Das ist für Sie. Und das für Sie. Recht viel Glück. Und Ihnen gute Heimfahrt. Sie beide sehe ich dann gegen acht im ›Golden Greifen‹ wieder.«

Der Herr von der Psychoanalyse öffnet seinen Umschlag im Treppenhaus und erbleicht. Es ist ihm unerklärlich, wie man unter Verwendung von Geburtsstunde und -ort seinem sorgsam gehüteten peinlichen Geheimnis auf die Spur kommen konnte. Er hat doch wirklich nur Spezialisten konsultiert, die durch die ärztliche Schweigepflicht zur Diskretion verpflichtet sind. Aber die Anspielung könnte nicht deutlicher sein. »Meide das Weib, da der Zauberstab versagt«, fängt der computergedruckte Text in seinem Briefumschlag an, »suche Trost bei den sieben Wassern...« und so weiter. Hastig steckt er das Papier ein, um es in der Stille seines Hotelzimmers vollständig zu lesen, und läuft die Lindenallee entlang in Richtung Stadtzentrum.

Der Herr von der Literaturwissenschaft hat seinem Kollegen von der Psychoanalyse auf der Treppe im Vorübergehen noch ein flüchtiges »Wiedersehen« zugerufen. Nanu, denkt er, der Mann wirkt ja völlig verstört! Alles wegen ein bißchen Hokuspokus. Der wird doch nicht abergläubisch sein? Aber man weiß ja, wer sich mit Psychologie befaßt, der hat es nötig, die sind alle selber ein bißchen merkwürdig, diese Psychologen und Psychiater! Er öffnet seinen Umschlag erst in der Intimität seines Wagens, als er, abfahrbereit, hinter dem Steuer sitzt. Ihm wird erst heiß und dann kalt, und er fühlt seinen Herzschlag aussetzen, als er das Blatt sinken läßt. Das kann doch nicht mit rechten Dingen zugehen! Niemand weiß etwas von seinem Verhältnis mit Traude, und jetzt plötzlich diese düstere Warnung: »Wenn du heute wieder auf geheimen Wegen wandelst, fürchte die gerechte Rache der Eifersucht um die Geisterstunde…« Ob er doch nicht mehr bei ihr vorbeifahren soll? Aber sie erwartet ihn, und sie hat ihm am Telefon gesagt, daß ihr Mann für zwei Tage verreist ist! Und was soll das hier: »Wer sich immer mit fremden Federn schmückt, wird eines Tages nackt dastehen.« Das ist ja eine Unverschämtheit! Offensichtlich sind diesem Scharlatan von der zwielichtigen GESELLSCHAFT die üblen Verleumdungen seiner Kollegen zu Ohren gekommen, die überall herumerzählen, daß seine große »Annotierte Bibliographie zur Trivialliteratur des 19. und 20. Jahrhunderts« auf der Arbeit eines Doktoranden aufbaut, den er obendrein hat durchfallen lassen. Er traut dieser GESELLSCHAFT nicht über den Weg. Wahrscheinlich haben sie sein Telefongespräch von vorhin abgehört. Er blickt noch einmal an dem Haus hinauf und sieht den Herrn Vorsitzenden mit dem Herrn von der »Gartenlaube« am Fenster stehen. Der Herr von der »Gartenlaube« strahlt und hebt freudig winkend seinen DIN-A5-Umschlag, der Herr Vorsitzende grüßt lächelnd mit einem kleinen Kopfnicken herab. Dieser Halunke! Der Herr von der Literaturwissenschaft dreht den Zündschlüssel, gibt Gas und jagt mit jaulendem Motor davon.

Der Herr von der »Gartenlaube« hat als einziger seinen Umschlag schon im Salon geöffnet, und in seinem Gesicht zeichnet sich zuerst ungläubiges Staunen, dann eine Art verklärter Zufriedenheit ab.

»Das sogenannte Kleine Horoskop enthält nur wenige allgemeine Hinweise für unsere Klienten«, erläutert ihm der Herr Vorsitzende, »die Ausarbeitung des Großen Horoskopes erfordert einige Tage und ist nicht vollautomatisch per Computer möglich. Die Auslegung durch einen unserer qualifizierten Mitarbeiter erfolgt in einem persönlichen Gespräch, das etwa eineinhalb Stunden dauert und von dem Klienten per Kassette aufgezeichnet werden kann; es kostet 500 DM. Sie würden sich wundern, wenn ich Ihnen aufzählte, wie oft und von was für namhaften Persönlichkeiten unsere Beratung in Anspruch genommen wird!«

Der Herr von der »Gartenlaube« lächelt verträumt – er hat gar nicht recht zugehört. »Vielleicht ein andermal«, sagt er. »Wenn Sie erlauben, möchte ich mich jetzt auch gern noch ein wenig in meinem Gasthof ausruhen. Wir sehen uns dann ja später.«

Am Boden

»Ida! Alfred! Elsa! Kinder! Heinrich! Hört mich denn keiner?«
Ich muß eine Weile ohnmächtig gewesen sein, ganz aus der Welt verschwunden. Jetzt höre ich ein Stöhnen, ein fremdes dumpfes Geräusch, dann eine zittrige Stimme: »Hilfe!« Das bin ich selbst. Gleich wird der Schmerz mich wieder überwältigen. Er fährt durch mich hindurch, schrill wie ein aus den Fugen geratenes Orchester. Er kommt aus meinem sonderbar verdrehten Knie, aus meiner gequetschten Hüfte. »Alfred! Ida! Zur Hilfe!« Beim Rufen bohrt sich irgend etwas zwischen meine Rippen, kleine zugespitzte Spieße, und der lärmende Schmerz schwillt und überschlägt sich und wird zu einer großen dunklen Welle, die über mir zusammenschwappt.
Mein Bewußtsein kehrt wieder, zögernd, flatternd in der Dunkelheit mit schwächlichen Flügeln. Zu Hilfe! Warum hört mich niemand? Und dann fällt mir ein: Sie sind alle fort. Alfred und Ida beim Pfarrer wegen Wilhelmines Konfirmation. Elsa wollte ihre alte Mutter besuchen, aber rechtzeitig zum Kaffee wieder zurück sein. Wieviel Uhr ist es? Die Köchin ist beim Wohltätigkeitsverein. Aber der Gärtner Heinrich? Und die Kinder? Wahrscheinlich draußen, weit weg, außer Rufweite. In dem ganzen großen leeren Haus kein Mensch, der meine Hilferufe hört, während ich hier verkrümmt am Boden liege, halb zerdrückt vom Gewicht des Rollstuhls, der sich im Kippen unglücklich über meinen Unterkörper gestülpt hat. Nur den linken Arm kann ich bewegen, aber jeder Versuch zu krabbeln, mich wenigstens ein

bißchen zur Seite zu robben, um den Druck des Rollstuhls auf meinen Beinen zu mildern, löst qualvolle Schmerzen aus. Was ist passiert? Es muß doch einer kommen und mich finden!

Ich atme Staub, Ascheteilchen. Ein Glück, daß ich nicht gegen den Ofen geschlagen bin! Mein Kopf liegt auf dem Teppich, die Beine auf dem nackten Parkett. Jetzt erinnere ich mich wieder: Ich wollte den dicken Band »Geschichte Preußens« aus dem Schrank nehmen. Er saß sehr fest, so daß ich mit ganzer Kraft ziehen mußte. Plötzlich gab es einen Ruck, und ich kippte mit dem Wagen seitlich vornüber.

Alfred! Ida! Doch ich glaube, es hat gar keinen Sinn zu rufen, denn es scheint unglaublicherweise wirklich niemand im Hause zu sein. Das Fenster ist fest geschlossen, so daß meine Stimme nicht in den Garten dringen kann.

Es dämmert schon. Zwar kann ich von hier aus die Ziffern der Uhr nicht erkennen, doch ich meine, die Kaffeezeit müßte längst vorbei sein, die Kinder wieder im Haus, Elsa zurück.

An der Wand über mir schwebt, den oberen Rand leicht nach vorn geneigt, als wollte es jeden Augenblick zu Boden schlagen, das mächtige Ölbild von Meister Bartsch aus Berlin. Keil hat es vor nun fast zehn Jahren für mich malen lassen, ein Geschenk: Es stellt mich selber dar, umgeben von den Heldinnen all meiner Romane. Nie zuvor ist mir aufgefallen, wie unsicher die Halterung, wie unsicher das Bild an der Wand befestigt ist. Wahrhaftig, es beugt sich vor und droht auf mich herunter. Erschlagen zu werden von meinem eigenen Konterfei: der fordernde Blick, die Korkenzieherlocken, der spöttische Zug um die Mundwinkel – »verächtlich« ist er oft genannt worden, dabei sollte ich selber am besten wissen, daß nur schmerzhafte Anspannung meine Mundwinkel zucken läßt, und der Blick scheint nur selbstbewußt, geht in Wirklichkeit ins Leere. So oder so – ich brauche nur heimlich nach oben zu schauen, um zu ahnen, daß gleich eine unsichtbare Hand das Bild von der Wand lösen wird, und dann werden all die glücklicheren Ichs meiner Romane mich unter sich begraben.

Als ich das nächste Mal wieder bei Bewußtsein bin, ist es im Zimmer schon dunkel. Ich verstehe nicht, wo Elsa bleibt. Die Schmerzen haben etwas nachgelassen. Vielleicht aber sind auch Teile von mir abgestorben, weil ich seit Stunden unbeweglich liege. Ich fühle mich wie abgetrennt, wie losgelöst von meinem Körper. So muß es sein: zu sterben und wieder aufzuerstehen. Jedenfalls erhebe ich mich, leichtfüßig, geradezu ätherisch, bewege mich wie ein junges Mädchen – sagte man mir einst in Wien nicht unnachahmliche Grazie beim Walzer nach? –, und mit gleichgültigem Staunen sehe ich von oben auf die schwere gekrümmte Kreatur herab, die dort eingeklemmt unter dem Rollstuhl liegt. Wie häßlich sie ist. Doch was kümmert sie mich? Ich schwebe durch das Zimmer, zum Fenster hinaus. Oh, die herrliche Luft des Herbstabends da draußen! Oder ist es nicht vielmehr Sommer, wenn nicht gar Frühling an der Schwelle zum Sommer, und alles um mich her ein Duften und Tanzen? Ich gleite durch die Lindenallee auf die Stadtmitte zu. Wie lange ist es her, daß ich hier gelaufen bin, schwerelos, nahezu ohne mit den Füßen den Boden zu berühren. Und wie im Flug breite ich beide Arme weit aus und streichle mit den Fingerspitzen die blütenduftenden Linden rechts und links zugleich. Mein baumreiches Arnstadt. Jetzt streife ich durch die Straßen meiner Kindheit: Linden, Ahorn, Pappeln, Kastanien, Buchen und immer wieder Linden – sie säumen alle Straßen, aufsteigend bis zum Wald unter der Alteburg, aufsteigend bis zum Friedhof, wo ich einen Augenblick innehalte im Flug, um an Mutters Grab zu verweilen.

Ob sie wohl heute mit mir sprechen wird? Hast du das

Haus gesehen, Mutter, das ich für uns habe bauen lassen? Größer und schöner als das am Markt, aus dem du vertrieben wurdest, weit vornehmer selbst als Großmamas. Hast du all die Bücher gelesen, die ich geschrieben habe? Hier, die Mappen mit den begeisterten Briefen aus aller Welt, und hier, die lobenden Zeitungsausschnitte! Du wirst sicher Tage brauchen, sie alle anzusehen. Du sollst nur einmal sagen: Wunderbar, mein Kind! Wie freue ich mich über dich, du hast uns alle stolz und glücklich gemacht! Aber nein. Nimm ein bißchen Rücksicht auf Rosalie, sagt sie statt dessen. Es ist wirklich nicht schön von dir, hier so zu prahlen, wenn doch die Arme so jung sterben mußte und immer nur krank war und nichts von der Welt gesehen hat wie du und von keiner Fürstin Förderung und ich möchte nicht wissen, was sonst noch alles, erfuhr. Dann du, Vater. Sag du wenigstens etwas. Dich habe ich bestimmt nicht enttäuscht. Rosalie an Mutters linker Seite fängt plötzlich zu lachen an, weil Vater, zur Rechten von Mutter, sich in Schweigen hüllt. Neben ihm, auf seiner anderen Seite, wollte ich einmal begraben werden. Plötzlich sehe ich, durch die Erde hindurch, daß er gar nicht da ist. Ich sehe Mutter und Rosalie, einander zugewandt im Gespräch, und Vaters Sarg daneben ist leer. Und ich weine vor Zorn.

Mit einem Mal ist die leichte, zauberische Stimmung verflogen. Ich höre mich stöhnen vor Schmerz. Beinahe hätte ich ganz vergessen, daß ich unterwegs zum Pfarrer bin, um Alfred und Ida nach Hause zu holen. Ich spüre meinen Körper wieder, die Schwerelosigkeit geht allmählich verloren, ich komme nur sehr langsam und keuchend voran mit meinem zerschundenen Körper, bleibe an jedem der sechs alten Brunnen im Innern der Stadt einen Augenblick stehen, um mein Gesicht zu kühlen, weil ich nicht weiterkann vor Qualen. An der Rathausuhr schlägt um Punkt zwölf der Adler mit den Flügeln, und pünktlich beginnen an der anderen Uhr die beiden blechernen Männer mit den blechernen Händen die Stunden zu zählen. Da verharre ich endgültig auf der Stelle, da stehe ich, zu Stein erstarrt, und horche nur regungslos in meinem Kopf den Schlägen nach: zwei, drei, vier, fünf.

Erst fünf? Elsa wollte vor fünf Uhr zurück sein. Wenn sie da ist, wird sie als erstes bei mir hereinsehen, um mich zu fragen, ob ich Schokolade oder Tee wünsche.

Stell den Tee dort herüber, Juno, sagt die Fürstin. Nein, nicht hier, dort auf das Tischchen, du siehst doch, daß ich liegen muß, weil ich leidend bin. Was ist denn heute nur mit dir los, Liebste, du bist so blaß, hast wieder so ein aufgedunsenes Gesicht. Ein bißchen wie eine Qualle schaust du aus. Soll ich nach Dr. Franque schicken? Bis dahin kannst du mir noch das Klavier spielen, aber bitte nichts Schwermütiges heute. Mozart. Die arme, arme Eugenie, höre ich sie flüstern. So begabt, und dann leider ganz plötzlich das Gehör verloren! Aber ich liebe sie wie meine eigene Tochter, und in meiner Nähe wird immer ein Platz für sie sein. Lies uns doch eben diese Gedichte vor, Juno, es sind meine neuesten. Ja, rück dir das Licht dort zurecht, du hast doch immer noch die beste Rezitierstimme. Liest sie nicht wundervoll, lieber Karwitz? Ihre fürstliche Beschützerin, Ihre hochherzige Wohltäterin, mit Ihrer schier unermeßlichen Großmut... Sie wollen Sie doch nicht im Stich lassen?

Mein gutes Kind, ich habe nun wirklich viel Interesse für dich gezeigt im Laufe der Jahre, aber du dankst es mir schlecht. Du siehst doch, in welchem Zustand ich bin, und doch denkst du nur an dich.

Ich glaube, meine Liebe, du vergißt manchmal, wer du bist und wer ich bin. Dein Ton ist anmaßend und impertinent. Zum Glück sagt sie solche Dinge nie in Gegenwart anderer; im Beisein des Fürsten und ihrer Damen streicht sie mir über das Haar und erklärt laut: Ist sie nicht ein erstaunliches Mädchen, unsere Jenny? Der Fürst mag mich nicht. Er hat mich nie gemocht. Ich spüre seinen abschätzigen Blick, auch wenn ich die Augen niederschlage. Haben Sie gar kein Heimweh nach Ihrer Familie in Arnstadt? fragt er lauernd. Ja, gewiß doch, sogar öfter, Durchlaucht, beeile ich mich zu erwidern, doch die Fürstin ist so gütig, es mich vergessen zu lassen. Ist sie das, in der Tat? Sein häßliches Auflachen, diese Antwort, verfolgen mich tagelang. Warum haßt er mich?

Besser Blaustrumpf als Betschwester, sagt Mathilde lachend, eine femme à homme wirst du jedenfalls nie. Jetzt hast du unseren lieben Fürsten in seiner Eitelkeit gekränkt – und dabei ist doch nichts leichter, als den Männern zu gefallen, sie sind ja allesamt so eitel, er brauchte nichts weiter als ein paar bewundernde Blicke. Aber du Dummerchen mußt dich wie eine Besessene nur an meine Fersen heften!

»Nicht, daß ich... einen Schatten auf meine angebetete Fürstin werfen möchte – sie ist eine der edelsten, aber auch verkanntesten deutschen Frauen –« »Ist sie das, in der Tat?« höre ich Fürst Günther mit dem häßlichen Auflachen sagen. *»– Ich war nur so vorwitzig, den Nimbus ihrer Stellung zum Prüfstein männlicher Charakterstärke und Gesinnungstüchtigkeit zu machen, und mußte dabei meine Ideale kläglich wie Wachs zerschmelzen sehen. Viele kamen mit geradem Rücken, aber gebückt gingen sie fast immer.«*[75] Habe ich das nicht seinerzeit dem Fürsten Pückler geschrieben?

Da liege ich am Boden, und wenn sie nicht bald kommen, werde ich vielleicht in dieser unwürdigen Stellung sterben müssen. Zum Glück hängt Mathildes Porträt weit weg, an der gegenüberliegenden Wand, sie kann jetzt nicht von oben auf mich herabsehen. Und außerdem bewundert sie mich inzwischen von ganzem Herzen. Ihre Briefe sind spärlich, aber immer voll höflicher Bewunderung. Nie ein Wort von Ludwig von Karwitz. Wie oft mag sie ihn wiedergesehen haben, nach unserem Abschied? Ob sie von mir geredet haben, manchmal noch reden? Vielleicht stecken sie die Köpfe zusammen, dort unten in Salzburg, wo sie sich jetzt die meiste Zeit aufhält, und tauschen amüsierte kleine Bemerkungen über mich aus. Das tapfere Fräulein John! Das arme Fräulein John! Wer hätte das gedacht!

Nie haben Erfolge mich so freuen können, wie Mißerfolge mich schmerzten. Nie werde ich vergessen können, wie sie mich am Schluß des unseligen Leipziger Gastspiels vor den Vorhang zerrten – »Gabriele: Fräulein John, Fürstlich Schwarzburg-Sondershausensche Kammersängerin, als Gast« – da stand ich wie nackt vor ihnen, ihren Mitleidsäußerungen hilflos preisgegeben. Seitdem bin ich mein Leben lang immer hinter dem Vorhang geblieben, immer in den Kulissen, auch wenn der Beifall draußen noch so rauschte.

Elsa, wo bleibst du nur? Und Alfred und Ida! Ist ihnen etwas zugestoßen? Und keines der Kinder im Haus! Alle fort, wie von einer Naturkatastrophe verschluckt. Wenn sie endlich wieder da sind und den Stuhl beiseitegeräumt und den Doktor gerufen haben, wird man mir vielleicht nur noch die Beine abnehmen können. Es müssen auch Rippen gebrochen sein oder Schlimmeres, jeder Atemzug bereitet mir Schmerzen.

Musik von ferne? Erstaunlicherweise ist mein Gehör für Musik immer empfänglich geblieben. Ich höre Blasmusik und Trommeln: Da marschiert eine Kapelle heran. Da bringen sie mir wieder ein Ständchen an der Auffahrt zu unserer Lindenallee. »Hoch, Marlitt!« und »Marlitt, hurra!« Wie damals, gleich nach unserem Einzug hier oben die Lehrerversammlung, die ihr Treffen eigens meinetwegen in Arnstadt abgehalten hatte, wie seitdem beinahe jedes Jahr irgendwelche Schützen-, Turn- und Gesangvereine und, vor einem Monat erst, die freiwillige Feuerwehr, die einen riesigen Blumenstrauß an der Tür abgeben ließ. »Hoch, Marlitt! Dreimal hoch die edle deutsche Frau, unsere geliebte Dichterin!« Wie gut, daß man in der Öffentlichkeit Zurückhaltung von mir gewohnt ist! Wie gut, daß ich mich bei derlei Umzügen nie gezeigt habe! Sonst käme jetzt womöglich noch eine Delegation hereinspaziert und fände mich hier am Boden gekrümmt. Die Hurrarufe verhallen, die Instrumente werden wieder angestimmt. »Oh, du schöner deutscher Wald...« Die Melodie treibt mir die Tränen in die Augen. Ist es vielleicht gar keine Kapelle, sondern nur Ernst, der in seinem Zimmer das Horn bläst?

»Ernst!« rufe ich. »Zu Hilfe, Ernst!« Aber meine Stimme ist nur ein trockenes Flüstern, kaum hörbar für mich selbst, und dann wieder scheint mir, als hätte es überhaupt keine Musik gegeben, weder draußen noch im Haus, sondern nur eine Klaviermelodie in meinem Kopf.

Mir ist, als säße ich im Sonnenuntergang vor der säulengeschmückten Stirnseite unseres Hauses, zwischen Rosenbäumchen, Blumenbeeten, und lauschte auf die Klaviermusik, die aus den weit geöffneten Fenstern des ersten Stockwerks dringt. Ich habe wieder die Handarbeit vorgenommen, Nadel, Stramin und Faden in der Hand, so blicke ich Alfred und Ida entgegen, die eben zurückkommen. Beeilt euch, Tante Marlitt liegt in ihrem Arbeitszimmer am Boden, von ihrem Rollstuhl fast zerquetscht. Und es ist eure Schuld, wenn sie stirbt, weil ihr euch nicht besser um sie gekümmert habt! Wie konntet ihr ausgehen und niemanden bei ihr zurücklassen! Sie wird ihren Roman nicht vollenden können, und recht geschieht euch, rücksichtslos und undankbar, wie ihr der gegenüber seid, der ihr euren ganzen Wohlstand zu verdanken habt!

Woher soll ich die Kraft nehmen, immer Neues anzufangen, ein Buch nach dem anderen aus mir heraus entstehen zu lassen? Einmal muß Schluß sein. Nie hat ihr Lob mich so gefreut, wie ihre Vorwürfe, die versteckten, mich geschmerzt haben; nie haben Erfolge mich so aufrichten können, wie

Mißerfolge mich vernichtet haben. Und geht es jetzt nicht schon wieder los mit heimtückischer Kritik, mit hämischem Hohnlachen? Man gönnt mir meine Erfolge nicht. Winkelpoeten ziehen in üblen Blättern gegen mich vom Leder, aus purem Neid. Alfred verbirgt mir hier und da Leserbriefe, murmelt leise mit Ida über Rezensionen, die ich nicht zu Gesicht bekomme. Manchmal sind aus den Zeitungen schon Artikel herausgeschnitten, wenn ich sie zu sehen bekomme, und Alfred behauptet, er brauche die entsprechenden Passagen für den Unterricht, aber dann erreichen mich ein paar honigsüße Zeilen von Mathilde: Die Kritik der Herren X, Y und Z habe mich hoffentlich nicht verletzt und beunruhigt. Und ich weiß von nichts und stelle Alfred zur Rede, und er schweigt betreten. Du mußt doch nicht alle Schmierereien dieser Dummköpfe zur Kenntnis nehmen, sagt er dann. Aber Mathilde nimmt sie zur Kenntnis, jedermann kann sie zur Kenntnis nehmen und sich seinen Teil denken, und vielleicht liest sie irgendwo sogar Ludwig von Karwitz. Das wäre mir peinlich.

Dieser Mann hätte mir nie begegnen dürfen. Er war der einzige, der mich je verstanden hat, und das auf einen Blick. Als ich noch jung war, hat sich manch ein Mann für mich interessiert, weil ich recht hübsch und trotz meiner Schüchternheit lustig war, aber Ludwig von Karwitz verstand mich in meinem innersten Wesen, er sah durch mich hindurch und erfaßte mich ganz – wie sonst vielleicht nur Mathilde mich kannte. Doch er ging hin und schob mich achtlos beiseite. Für ein bißchen Geld. Für irgendeine Porzellanpuppe aus der besseren Gesellschaft, die sich in ihrem Leben nie anstrengen mußte, niemals kämpfen mußte wie ich.

Nie habe ich aufgehört zu hoffen, daß er sich meiner erinnert und eines Tages, plötzlich und unerwartet, vor meiner Tür steht. Oft habe ich mit der Versuchung gekämpft, seine Adresse herauszufinden und selber an ihn zu schreiben:

»Lieber Herr von Karwitz, da Sie mir nicht schreiben, will ich die Feder ergreifen, um Ihnen zu schreiben, daß es mir doch noch gelungen ist, mein Leben zu finden... glücklich zu werden.« Meine Handschrift ist trotz der Verkrümmung der Finger schön, klar und fest geblieben.

Ich sitze im Sonnenuntergang mit einer Handarbeit an meinem Lieblingsplatz unter der Kastanie, dicht bei der säulengeschmückten Stirnseite unseres Hauses, zwischen den Rosenbäumchen, den Blumenbeeten, mein Blick ist auf Nadel, Faden, Stramin in meinem Schoß gesenkt, derweil die Kinder laut lachend durch den Garten toben, das Dienstmädchen Beeren pflückt, Ida mit einem heiteren Lied auf den Lippen den Kaffeetisch deckt, Alfred, die Hände auf dem Rücken, über den Kiesweg wandelt. Plötzlich aufsehend gewahre ich ihn, Ludwig von Karwitz, wie er langsam die Lindenallee auf mich zuschreitet, gealtert, doch noch immer von der herben männlichen Schönheit, die er damals besaß, sein ernstes Gesicht, von den Spuren des Leidens geprägt, von weißwehendem Haar umrahmt.
So steht er vor mir. Ich erbleiche.
Liebes Fräulein John, wird er sagen, man macht im Leben Fehler, die man für immer bereut, jeden Tag und jede Nacht, und nie wieder gutmachen kann. So einen Fehler habe ich im Jahr 1861 begangen, als ich Sie ziehen ließ, obwohl ich Sie liebte, wie ich nie eine Frau geliebt habe. Nun bin ich alt – nun sind wir beide alt –, und mein Vermögen ist endgültig dahin, ich bin immer noch oder wieder arm, trotz meiner standesgemäßen vermögenden Ehe, mein Leben blieb liebeleer, da mir außer dem Töchterchen aus erster Ehe, das früh verstarb – das arme Kind, ich hätte ihm eine gute warmherzige, zweite Mutter schenken können, vielleicht hätte es länger gelebt! –, keine Kinder vergönnt waren; einsam liegen die verfallenden Gärten von Schloß Karwitz. Sie aber, Sie Glück-

liche, haben Ihr Leben in die Hand genommen, wie ich sehe, Sie haben Ihr Haus gebaut und all die Liebe, zu der Ihr großes Herz fähig ist, den Töchtern und Söhnen ihrer Brüder geschenkt, die so herrlich heranblühen. Hier ist Leben, hier ertönt Lachen, und die Kinder hängen womöglich mehr an Ihnen als an der eigenen Mutter. Ihr Name wird genannt, soweit die deutsche Zunge reicht. Ich war in Amerika, und man sprach von der Marlitt, ich bereiste unsere deutschen Kolonien in Afrika und sah Marlitts Bücher in den besten Häusern liegen. Selbst in Shanghai fand ich Exemplare der »Goldelse« und der »Alten Mamsell« in den Buchläden ausgestellt. Ach, wird er sagen, nun ist es zu spät. Ach, hätten wir doch ein zweites Leben! Wie anders würde ich dann mit dem Kostbarsten umgehen, das mir je begegnet ist! Wieviel besser wüßte ich den Charakter, das Herz und die Stärke einer großen schönen Seele einzuschätzen!

Und er beugt sich über mich und faßt meine Hand, und Tränen stehen in seinen blauen Augen. Darf ich wenigstens für den Rest meiner Tage hier in Ihrer Nähe wohnen bleiben!

Auch meine Tränen strömen frei heraus, Tränen des Glücks, der Erleichterung. Doch dann sehe ich, es ist Wilhelmine, die sich über mich gebeugt und meine Hand gefaßt hat.

»Um Gottes willen, Tante Marlitt, was ist geschehen? Sag, daß du lebst, daß du unverletzt bist, ich bitte dich! Faß schon an, Ernst, wir müssen vor allem den Rollstuhl beiseite ziehen. Und du, Heinrich, lauf los zum Doktor, nun lauf schon, was stehst du herum! Es wird alles wieder gut, liebe Tante Marlitt, du wirst sehen, es wird alles wieder gut.«

Doch sie kann mich nicht trösten. Für mich wird niemals mehr alles gut.

Epilog:
Der Triumph der alten Mamsell

»Wie hast du das bloß wieder gemacht, meine Liebe?« hat Alfred mich gefragt. »Wie hast du das nur wieder geschafft mit den Horoskopen? Ich habe mir die Gesichter von allen genau angesehen, und ich kann nur sagen: Du mußt genau ins Schwarze getroffen haben! Die beiden Modernen schienen zu Tode erschrocken, und der aus dem 19. Jahrhundert schwebte wie auf Wolken.«

»Diesmal war es nun wirklich kein Kunststück«, habe ich ihm geantwortet, »diesmal reichte ein kleines bißchen Menschenkenntnis. Ich brauchte mir diese Herren doch nur ein paar Minuten durch den Einwegspiegel anzusehen, um zu wissen, was mit ihnen los ist. Ich habe euch bei eurer Sitzung nur eine halbe Stunde zugesehen, die Diskussion war mir einfach zu langweilig. Sie haben alle miteinander eine Art, sich auszudrücken, bei der man im Stehen einschlafen könnte. Zum Glück habt ihr mein Gähnen nicht gehört. Wenn diese Herren sich nicht mit dem Hochstaplermäntelchen der Wissenschaft schmücken könnten, würde ihnen kein Mensch freiwillig zuhören.«

»Der Einwegspiegel im Salon erweist sich ja nun doch als recht nützlich«, hat Alfred zugegeben. Ursprünglich war er nämlich dagegen gewesen, ihn einbauen zu lassen; er meinte, wir könnten ganz gut ohne die modernen Beobachtungseinrichtungen auskommen, wie sie in den psychologischen Labors der Universitäten – und wer weiß, wo inzwischen sonst noch – verwendet werden. Aber Alfred ist bei Neuinvestitionen immer ängstlich und zurückhaltend; es fehlt ihm an Initiative und Weitblick. Unsere Lebensschicksalsdeutungen

197

fallen jedenfalls viel besser aus, seit wir die Klientinnen und Klienten eine Weile allein in diesem Raum warten lassen, bevor sie beraten werden. Niemand würde bei uns, in einem Haus, das in erster Linie als Museum erscheint, und hinter einem Prachtspiegel, der ein Schmuckstück in jedem Antiquitätenladen wäre, einen unsichtbaren Beobachter vermuten. Es ist schon ein besonderes Vergnügen, Leuten zuzuschauen, die sich allein glauben! Herrlich, wie die Wohlerzogenen in der Nase bohren und sich ungeniert an den verschiedensten Stellen kratzen, wie die nach außen Bescheidenen sich auf eigene Faust Alkohol nachschenken oder mit einem raschen Rundumblick in die Bonbonniere auf der Kommode greifen, wie die Ehrenmänner in herumliegenden Papieren wühlen, die sie nichts angehen, wie sich Männlein und Weiblein selbstzufrieden vor dem Spiegel drehen und wenden! Allein dafür hat sich die Anschaffung gelohnt!

»Aber wie bist du auf die Horoskope verfallen, die ihnen so offensichtlich zu denken gaben?« hat Alfred wissen wollen.

»Ich habe unsere Ida, während du den Herren mein Arbeitszimmer zeigtest, die liegengebliebenen Mäntel und Taschen durchsuchen lassen. Da waren die erektionsfördernden Tabletten und allerlei stimulierende Literatur bei dem Herrn von der Psychoanalyse und der Brief der Geliebten zwischen den Papieren des Herrn von der Literaturwissenschaft. Der war rasch kopiert und ließ an Direktheit und Ausführlichkeit nichts zu wünschen übrig. Die Informationen reichten völlig aus, um diesen trivialen kleinen Seitensprung zu beleuchten, so daß unsere Ida ohne weiteres den fingierten Anruf riskieren konnte. Hier ist dein Schnuckiputzi oder so ähnlich, sagte sie – denn so scheint er sie zu titulieren. Du hast heute so eine fremde Stimme, meine Süße, erwiderte er sehr aufgeregt, wunderbar, daß du anrufst, wie hast du nur herausgefunden, wo ich stecke? Ich rufe aus einer

Telefonzelle an, hat sie gesagt, du klingst auch anders, hast du meinen letzten Brief nicht bekommen? Und so weiter. Na, ja, der Herr von der Literaturwissenschaft wird sich heute nacht gewiß noch sehr wundern, wenn die Prophezeiung seines Horoskops – unsere Warnung wird er natürlich in den Wind schlagen – in Erfüllung geht und ihn der Ehemann seiner Angebeteten in Empfang nimmt.«

»Ich gönne es ihm!« hat Alfred mit Inbrunst gesagt. »Dem gönne ich es.«

»Für die kleine Anspielung auf seine wissenschaftliche Hochstapelei bedurfte es keiner weiteren Indizien; diese Sorte windiger Wissenschaftler durchschaue ich mittlerweile, sobald sie den Mund aufmachen. Wenn ich nichts Besonderes über die beiden hätte herausfinden können, dann hätte ich einfach mit unserem alten Trick arbeiten müssen, du weißt schon: Es gibt in Ihrem Leben einen wunden Punkt... ein tiefes Problem... Sie haben ja immer eins. Das hätte vielleicht auch gereicht, aber es wäre natürlich weniger hübsch gewesen.«

»Und womit hast du den Herrn von der ›Gartenlaube‹ so glücklich gemacht?«

»Der arme Kerl hatte, wie erwartet, die Anfänge zu einer Biographie über mich in seiner Tasche – furchtbar, sage ich dir! Schwüle schwärmerische Auslassungen, außerdem Gedichte an mich, in denen er den Altersunterschied zwischen uns beklagt – er ist dreißig Jahre nach mir geboren. Wenn uns diese Jahre nicht trennten, meinte er, dann wäre er der Mann gewesen, der mich hätte verstehen und gewinnen können. Er hätte mir die Gefühle entgegengebracht, schreibt er, die ich verdiene. Von ihm wäre ich so beschützt, umhegt und versorgt worden wie die Heldinnen meiner Romane. Also, ich bin zwar recht froh, daß mir dieses Schicksal erspart geblieben ist, nachdem ich mir den jungen Mann näher angesehen habe, bei dem sich jede Frau in kürzester Zeit verzweifelt langweilen würde. Aber so wie die Dinge liegen, kann ich mir mütterliche Gefühle leisten, und der arme Kerl hat wirklich nichts zu lachen, weißt du. Er wird ziemlich ausgebeutet von den Herausgebern der ›Gartenlaube‹, und er wird es bei seiner schwärmerischen Weltfremdheit nie zu etwas bringen. Deswegen habe ich ihm ein bißchen von dem prophezeit, was er sich am meisten wünscht: Nachruhm, Lorbeerkranz, Dichterehren. Natürlich wird er jetzt nach Hause fahren und weiterhin sehr viele schlechte und überflüssige Gedichte schreiben in seiner Freizeit. Aber die ist ohnehin so knapp bemessen, daß aus der Biographie nie etwas wird, und der Gedanke an den Ruhm, den er nach seinem Tod erlangen wird, macht ihn vielleicht ein bißchen heiterer in seinem traurigen Pathos.«

»Bewundernswert, meine Liebe!« hat Alfred ausgerufen. »Und der von der Literaturwissenschaft ist wirklich so eitel, daß er einen kleinen Denkzettel verdient.«

Eitel sind sie eigentlich alle, die Herren Experten, und maßlos überheblich. Mich verblüfft die Selbstverständlichkeit und Sicherheit, mit der sie über ein abgeschlossenes Leben urteilen, während sie noch mittendrin in ihrem eigenen stecken, das sie nach allen Seiten verletzlich macht. Und alle scheinen von der Annahme auszugehen, es gebe wirklich so etwas wie eine Einheit des Denkens, Fühlens und Handelns, »Person« genannt. Blödsinn. Was von sich als »Ich« redet, sind viele Personen. Die Wahrheit hat viele Gesichter, eins merkwürdiger als das andere. Nur eins steht für mich unumstößlich fest: die Seele ist konservativ, auch wenn die Vernunft, die Einsicht, sich noch so fortschrittlich gebärden.

»Alfred«, sage ich – er ist schon auf dem Weg ins Büro, um sich an die Auswertung des Expertengesprächs zu machen, das wir per Video aufgezeichnet haben –, »Alfred, ich denke, du kannst für die Einleitung zu unserer Broschüre ›E. Marlitt – Mythos und Wirklichkeit‹ durchaus die Kurzbiographie aus dem Brockhaus von 1894 übernehmen. Sie ist kurz, sachlich-nüchtern und enthält alle wesentlichen Details. Wir ändern nur den drittletzten Satz. ›Die Romane der Marlitt‹, heißt es da, ›sind spannend und von lebhafter Darstellung, wenn ihnen auch jeder feinere künstlerische Reiz und die tiefere poetische Wahrheit mangelt.‹ Wir schreiben statt dessen: ›Die Romane der Marlitt sind spannend und von lebhafter Darstellung. Das Urteil über ihren künstlerischen Reiz mag sich im Laufe eines guten Jahrhunderts verändert haben, aber ohne Zweifel enthalten E. Marlitts Werke eine tiefe poetische Wahrheit, da sie auf das Triviale in uns allen zielen, auf die tiefsten Sehnsüchte namentlich der Frauen, Sehnsüchte, die, auch wenn wir uns ihrer schämen, unser Erwachsenwerden überdauern.‹«

Anmerkung und Quellenverzeichnis

Die Kapitel »Seriöse Biographie I bis IV« rekonstruieren das Leben der historischen Gestalt Eugenie John-Marlitt. In allen übrigen Kapiteln mischen sich historisch gesicherte Fakten, Interpretation und reine Erfindung.

Alle kursiv gedruckten Textstellen sind Zitate, vor allem aus Romanen von E. Marlitt (die Seitenangaben im folgenden Quellenverzeichnis beziehen sich auf die zehnbändige Gesamtausgabe »Gesammelte Romane und Novellen«, Verlag Ernst Keil Nachfolger, Leipzig 1889) und aus Sekundärliteratur, vor allem »Gartenlaube«-Artikeln, über die Autorin.

[1] Hedwig Courths-Mahler an Hans Reimann. Zitiert nach Gabriele Strecker: »Frauenträume, Frauentränen. Über den deutschen Frauenroman.« Otto Wilhelm Barth Verlag, Weilheim, Oberbayern 1969, S. 118

[2] Waldemar Oehlke: »Die deutsche Literatur seit Goethes Tode und ihre Grundlagen.« Max Niemeyer Verlag, Halle a. d. Saale 1921, S. 312

[3] Moritz Necker: »Eugenie John-Marlitt. Mit bisher ungedruckten Briefen und Mitteilungen.« »Gartenlaube«, 9, 1899, S. 129

[4] »Das Geheimnis der alten Mamsell.« 1867, S. 54

[5] »Das Heideprinzeßchen.« 1872, S. 210

[6] Zitiert nach Moritz Necker: »Eugenie John-Marlitt.« »Gartenlaube«, 10, 1899, S. 157

[7] Zitiert nach Moritz Necker: »Eugenie John-Marlitt.« »Gartenlaube«, 11, 1899, S. 170

8 Zitiert nach Moritz Necker: »Eugenie John-Marlitt.« »Gartenlaube«, 10, S. 157

9 »Schulmeisters Marie«. In: »Thüringer Erzählungen«, S. 352, S. 358

10 »Goldelse.« 1866, S. 117/18

11 »Die zweite Frau.« 1873, S. 252

12 »Schulmeisters Marie.« In: »Thüringer Erzählungen«, S. 360

13 »Reichsgräfin Gisela.« 1869, S. 253

14 »Die zweite Frau.« 1873, S. 218

15 »Die zweite Frau.« 1873, S. 199

16 »Blaubart.« In: »Thüringer Erzählungen«, S. 329

17 »Die Frau mit den Karfunkelsteinen.« 1885, S. 331

18 »Reichsgräfin Gisela.« 1869, S. 255

19 »Das Geheimnis der alten Mamsell.« 1867, S. 155

20 »Goldelse.« 1866, S. 260/61

21 »Die zweite Frau.« 1873, S. 245

22 »Goldelse.« 1866, S. 144

23 »Im Schillingshof.« 1879, S. 430

24 »Reichsgräfin Gisela.« 1869, S. 373

25 »Reichsgräfin Gisela.« 1869, S. 255

26 »Die zweite Frau.« 1873, S. 255

27 »Goldelse.« 1866, S. 275

28 »Goldelse.« 1866, S. 271

29 »Schulmeisters Marie.« In: »Thüringer Erzählungen«, S. 385

30 »Das Eulenhaus.« Hinterlassener Roman. Vollendet von W. Heimburg. Später auch unter dem Titel »Claudine und der Herzog« erschienen, S. 157

31 »Blaubart.« In: »Thüringer Erzählungen«, S. 298

32 Ernst Keil an Eugenie Marlitt. 20. 6. 1865, zitiert nach Anonymus, vermutl. Alfred John: »Eugenie John-Marlitt. Ihr Leben und Wirken.« In: »Gesammelte Romane und Novellen«, Bd. 10, S. 404

[33] Unter »Vermischtes«, »Gartenlaube«, 49, 1869, S. 786

[34] Zitiert nach Anonymus, vermutl. Alfred John, a. a. O., S. 444

[35] Siehe (34)

[36] »Bei der Verfasserin der Gold-Else«, »Gartenlaube«, 52, 1869, S. 827

[37] Zitiert nach Anonymus, vermutl. Alfred John, a. a. O., S. 416

[38] Gottfried Keller: »Leben, Briefe und Tagebücher.« Hrsg. von Emil Ermatinger, Stuttgart/Berlin 1919, Bd. 3. Zitiert nach Bertha Potthast: »Eugenie Marlitt.« Dissertation, Köln 1926, S. 13

[39] Levin Schücking. Zitiert nach Anonymus, vermutl. Alfred John, a. a. O., S. 428

[40] Rudolf von Gottschall. Zitiert nach Anonymus, vermutl. Alfred John, a. a. O., S. 418

[41] Siehe (38)

[42] »Die zwölf Apostel.« In: »Thüringer Erzählungen«

[43] Siehe (42)

[44] »Bei der Verfasserin der Gold-Else«, »Gartenlaube«, 52, 1869, S. 827–829

[45] Zitiert nach Anonymus, vermutl. Alfred John, a. a. O., S. 407

[46] »Bei der Verfasserin der Gold-Else«, »Gartenlaube«, 52, 1869, S. 828

[47] Zitiert im Nachruf auf Eugenie Marlitt, »Gartenlaube«, 29, 1887, S. 475

[48] Anonymus, vermutlich Alfred John, a. a. O., S. 411

[49] »Briefwechsel des Fürsten Hermann Pückler-Muskau.« Hrsg. von Ludmilla Assing, o. O., 1873, S. 349, Brief vom 9. 2. 1868

[50] Fürst Pückler am 9. 2. 1868 an Eugenie Marlitt. In: »Briefwechsel ...«, a. a. O., S. 349

[51] Fürst Pückler an Eugenie Marlitt am 25. 2. 1868. In: »Briefwechsel ...«, a. a. O., S. 351

[52] Fürst Pückler an Eugenie Marlitt am 25.2.1868. In: »Briefwechsel…«, a. a. O., S. 353

[53] Fürst Pückler an Eugenie Marlitt am 25.3.1868. In: »Briefwechsel…«, a. a. O., S. 360

[54] Fürst Pückler an Eugenie Marlitt am 8.4.1868. In: »Briefwechsel…«, a. a. O., S. 368

[55] Fürst Pückler an Eugenie Marlitt am 8.4.1868. In: »Briefwechsel…«, a. a. O., S. 370

[56] Fürst Pückler an Eugenie Marlitt am 8.5.1868. In: »Briefwechsel…«, a. a. O., S. 379

[57] Fürst Pückler an Eugenie Marlitt am 13.7.1868. In: »Briefwechsel…«, a. a. O., S. 382

[58] Fürst Pückler an Eugenie Marlitt am 13.7.1868. In: »Briefwechsel…«, a. a. O., S. 382

[59] Fürst Pückler an Eugenie Marlitt am 11.8.1868. In: »Briefwechsel…«, a. a. O., S. 390

[60] Fürst Pückler an Eugenie Marlitt am 20.8.1868. In: »Briefwechsel…«, a. a. O., S. 393

[61] Eugenie Marlitt an Fürst Pückler am 16.7.1868. In: »Briefwechsel…«, a. a. O., S. 384

[62] Eugenie Marlitt an Fürst Pückler am 16.7.1868. In: »Briefwechsel…«, a. a. O., S. 386

[63] »Im Hause des Kommerzienrats.« 1876, S. 130

[64] »Im Schillingshof.« 1879, S. 418

[65] »Schulmeisters Marie.« In: »Thüringer Erzählungen.« S. 356

[66] »Die Frau mit den Karfunkelsteinen«, 1885, S. 215

[67] »Im Hause des Kommerzienrats.« 1876, S. 109

[68] »Im Hause des Kommerzienrats.« 1876, S. 109

[69] »Im Hause des Kommerzienrats.« 1876, S. 109

[70] »Im Hause des Kommerzienrats.« 1876, S. 161

[71] »Im Hause des Kommerzienrats.« 1876, S. 163

[72] »Im Hause des Kommerzienrats.« 1876, S. 76

[73] Zitiert nach Moritz Necker: »Eugenie John-Marlitt«. »Gartenlaube«, 11, 1899, S. 170

[74] Im Nachruf auf Eugenie Marlitt. »Gartenlaube«, 29, 1887, S. 472–476

[75] Eugenie Marlitt an Fürst Pückler am 2. 4. 1868. In: »Briefwechsel...«, a. a. O., S. 363

Inhalt